¿ECOCIDIO LEGAL?

El dilema ambiental de la palma de aceite

Rosalva Narváez Díaz

CAPÍTULO VIII: VIABILIDAD DEL CULTIVO EN EL TRÓPICO HÚMEDO 190

CAPÍTULO IX: PERSPECTIVAS DEL CULTIVO EN LOS CAMPOS AGRÍCOLAS 200

CAPÍTULO X: ANÁLISIS DE LAS EVIDENCIAS 218

DEDICATORIA

Quiero dedicar ésta obra a mis padres, quienes me instruyeron en el arte de la vida con amor y confianza en Dios.

Con sus ejemplos aprendí que la perseverancia es el mejor camino para lograr las metas propuestas.

A mi querido padre, eternamente en mis pensamientos, un ejemplo de disciplina, constancia, fe y amor.

A mi querida madre, a pesar de mis ausencias siempre estás para mí, gracias por todas las enseñanzas de vida, por el ejemplo de entereza, firmeza, paciencia, pero sobre todo por su amor incondicional.

AGRADECIMIENTOS

A Dios quien me da la dádiva de la razón y en un mundo tan cambiante motiva siempre mi imaginación, gracias por darme siempre la fortaleza para llegar y la tenacidad para mantenerme, gracias por poner en mi camino a grandes seres humanos que día con día inspiran la mejor versión de mí.

Me gustaría agradecer a todos de manera individual pero se hace una lista interminable de familiares, amigos, compañeros, colegas.

No puedo omitir el agradecimiento al grupo de expertos mexicanos, colombianos, guatemaltecos, que con sus aportes facilitaron el desarrollo de la obra.

También quiero distinguir el apoyo de los productores de palma africana de aceite en el trópico húmedo, por compartir sus experiencias con el cultivo, aprendí mucho de cada uno de ellos; pero también me divertí conociendo sus versiones humanas

.

PRESENTACIÓN

Escribir esta obra fue un desafío personal y profesional, pero al final, se ha concluido.

Reconozco que yo misma estaba un poco ambigua con los diversos debates que acechan al cultivo de palma africana de aceite en el mundo.

Puntos de vista que se encuentran en los límites de la controversia entre las políticas económicas y medioambientales, grupos ecológicas, economistas, productores, agrónomos y sociedad en general.

En medio de tantas verdades, cada quien con sus propias razones; me he quedado con gratas experiencias y nuevos amigos.

Pero sobre todo con la sorpresa de que entre más investigo, más me convenzo de que sé muy poco.

El propósito de la obra es exponer diversos escenarios del cultivo de palma de aceite.

Quizás como yo; muchos tengan la inquietud de conocer porque el cultivo es tan polémico, en la versión que se quiera ver.

Ahora tengo la ambiciosa pretensión de que el lector conozca el cultivo desde sus fortalezas y oportunidades, pero también; sus debilidades y amenazas.

El cultivo de palma africana, no es bueno ni malo, sólo es; y por ello; se debe abordar en todas las direcciones posibles.

Lo cierto es que; en la medida en que se ejecuten las actividades humanas del hoy, son las posibilidades que se le dejan a las generaciones futuras.

No tengo el ánimo de aplaudir alguna razón en especial, únicamente espero de esta obra, que sirva como una pequeña contribución a la sociedad.

Mis cortesías.

INTRODUCCIÓN

En medio de sus propias excentricidades, hasta ahora; no conozco otro cultivo, después de los ilícitos; que ocasione olas de polémica, tanta atención, debates, aceptación y rechazo en el mundo.

Su futuro se encuentra a la expectativa del todo y el nada, de lo perfecto o imperfecto, y todo porque su único error es ser el favorito, por ahora; del interés económico humano.

Se ha hecho acreedor de sus propios aforismos y piropos "El cultivo redentor" "Los desiertos verdes" "El ecocidio legal" "De eso tan bueno no dan tanto" "El cultivo de la esperanza" "El cultivo de la gran paradoja" "El nuevo petróleo verde" "Sembrado catástrofe" "El cultivo de la risa de pocos, suspiro de muchos" "La palma es pan para hoy y hambre para mañana" "La palma un paquetazo agrario" "La ilusión para enfrentar el rezago económico" "Milagro en el desarrollo o desastre ambiental" "No es el redentor, pero tampoco el demonio" "la palma es un suicidio anunciado" etc.

A pesar de todo, se ha posicionado en los campos agrícolas, entre dimes y diretes ha penetrado como una llovizna sin que se vea alguna intención por detenerlo.

Y es que su enorme popularidad obedece a que; en comparación con otras oleaginosas; en tratándose de rendimientos y costos es la más eficiente en el mundo.

No por nada su consumo global se ha triplicado, asegurando un mercado permanente y cada vez más exigente.

En términos económicos, se dice de él, que sus bonanzas son irremplazables.

Sin embargo; su establecimiento ha despertado una ola de interés que van más allá de su reputación económica.

En medio de la confluencia de fuerzas políticas, ambientales, sociales, económicas y legales, se ha estigmatizado al cultivo.

Por el momento está en un punto inestable, mientras sigue creciendo el grado de interés por incrementarlo, también la intención por prohibirlo.

A pesar de los intentos por acreditarlo y descreditarlo, sigue estableciéndose como una muy buena alternativa agrícola.

En américa latina su aparición es muy reciente, aunque en algunos Países se empezó a establecer entre 1930 y 1940 y se mantuvo, incluso en algunos lugares se conocían como plantas silvestres.

Pero en las dos últimas décadas ha dado mucho de qué hablar, por la forma en que se ha desarrollado e incrementado en los campos agrícolas como plantaciones comerciales.

Además del auge de los biocombustibles, su gama de posibilidades es muy extensa.

Y justo los biocombustibles son su mayor paradoja, pues no tiene sentido subsanar un problema de contaminación por el uso de combustibles fósiles, a costa de la destrucción de áreas boscosas.

Si bien el conocimiento de sus impactos a los ecosistemas es muy añejo, en la última década se ha polemizado como uno de los cultivos con mayor impacto ambiental que trastocan el mundo natural.

Lo cierto es que la propaganda económica ofreció a los productores agropecuarios, insuperables rendimientos, mientras que por otro lado; los ecologistas muestran al mundo un triste panorama para la biodiversidad.

A partir de ello; importantes debates se han visto en la radio, televisión, redes sociales; donde los escenarios mediáticos, para bien o para mal; dramatizan el comportamiento del cultivo.

Y entre opiniones diversas, en medio de un mundo económico atractivo, y otro mundo destructivo del medio natural, la palma africana sigue su curso, incrementando cada vez más la superficie sembrada en varias partes del mundo.

Tras la vorágine que ha causado la siembra de palma, los especialistas económicos y ambientales, aun no logran puntos de acuerdo.

Por ahora, respeto del comportamiento del cultivo; existen tantas verdades y opiniones como registros de personas en el mundo y cada quien en su versión quiere la razón.

Lo que sin duda ha complicado definir los efectos que el monocultivo genera desde una perspectiva de desarrollo integral para el ser humano.

Aun así no es difícil advertir que cualquier actividad antrópica deben ejecutarse desde el desarrollo integral para el bienestar de la humanidad, si bien para el presente, también respetando el derecho de las generaciones futuras.

No hay otro modo, se deben considerar los impactos económicos, culturales, sociales, ambientales, todo lo que involucre el bienestar de la humanidad.

Por ello; la importancia de analizar el comportamiento de la palma aceitera más allá del provecho económico.

Pues entre la fumarola económica, política y ambiental en la que se ha colocado al cultivo, si bien no se sabe a ciencia cierta su realidad, su establecimiento no cesa.

Y no cesará puesto que las políticas económicas y gubernamentales le apuestan como una nueva oportunidad para la agroindustria.

Sobre el ánimo ambiental de que se pretende establecerlo en terrenos agropecuarios abandonados o subutilizados, es decir; áreas no son forestales y que son preponderantemente agrícolas o ganaderas.

Lo cierto es que existen evidencias de que una parte importante de las superficies con palma, se han establecido a costa del sacrificio de áreas forestales.

Y como no si promete rendimientos muy atractivos por encima de otros cultivos tradicionales, lo que lo ha convertido en el cultivo de la esperanza para enfrentar el rezago económico del campo.

La fiebre de la siembra del cultivo, igual convence al productor social que al inversionista y a la agroindustria.

Pero la inversión que requiere para establecerlo es muy alta, por lo que las oportunidades no son para todos.

Si bien se requiere de destreza para sembrar y cultivar, va más allá de la intención por hacer producir un cultivo.

Pues la palma además de ser costosa, es un monocultivo muy longevo y demandante, por ello; no se debe establecer a la ligera.

En todo caso, si se hablara de un cultivo cíclico, se puede sobrellevar el error de elegir mal, pues lo único que se pierde, además del ciclo agrícola; son recursos económicos.

En la palma, el escenario cambia, porque más allá de lo económico; hay muchas otras cosas en juego, así que no es la mejor opción probar suerte con él.

Ya que además del factor económico; demanda procesos de labranza complejos y sin conocimientos técnicos, difícilmente se logra el éxito.

En el trópico húmedo todavía hay mucha presencia de pueblos originarios, con tradiciones agrícolas ancestrales muy importantes para su cultura.

Los nativos tienes sus propias prácticas agrícolas y por lo general la han llevado a cabo durante toda su vida como enseñanzas de sus antepasados, pero sobre todo para autoalimentarse.

Sus labranzas aún son rudimentarias, pero siempre producen granos básicos para su autoconsumo.

Con el fenómeno del cultivo de palma, se puede poner en riesgo la soberanía alimentaria y la seguridad de alimento de muchas comunidades indígenas.

Aunque el sector social también le ha apostado al cultivo, también se han registrado ventas y arrendamientos de predios ejidales y comunales a favor del sector privado para sembrar palma.

Y es que en los últimos años, la labranza tradicional de los pueblos y comunidades, se ha visto severamente afectada por los cambios climáticos, lo que ha disminuido drásticamente los rendimientos de sus cultivos.

En ese sentido, no es que tengan tantas opciones, máxime que la promoción que se le ha dado a la palma es de un cultivo con insuperables rendimientos y resistente a los climas.

Aunque su éxito también depende de los factores climáticos y más cuando se establece en modalidad de temporal.

Otro problema es que demanda grandes extensiones de suelo con condiciones óptimas para producir.

Así que; si bien es un cultivo que promete jugosas ganancias, las necesidades económicas y ambientales son importantes.

En medio del misterio de; que tanto es un problema y que tanto es una solución, los debates no cesan; cada quien haciendo gala del arte discursivo, confunde a la audiencia.

El debate ecologista se sustenta en la interrogante de que nada puede ser tan bueno, para permitir la destrucción de importantes ecosistemas.

Por otro lado, el debate económico versa sobre el consentimiento de que; es tan bueno que puede aliviar el rezago económico y solucionar problemas ambientales añejos.

Si el análisis se hace desde un punto de vista ecológico, el cultivo impacta severamente la biodiversidad, afecta humedales, flora, fauna, áreas boscosas, la fertilidad de los suelos, contamina ríos, etc., por ello; se debe prohibir.

No así; desde la opinión de los economistas, el cultivo tiene ganancias económicas bastante atractivas y que por ser un cultivo perenne, también su función es restaurar las áreas taladas por la agricultura y la ganadería, su permanencia es de impacto al desarrollo.

Así las cosas; en el vaivén de opiniones, se puede estar resolviendo un rezago económico pero quizás a costa de modificar importantes procesos naturales de los ecosistemas y poniendo en riesgo la soberanía alimentaria de las regiones palmeras.

En ese sentido; es importante establecer parámetros tanto para las políticas públicas económicas como para la seguridad alimentaria y los ecosistemas involucrados.

Las opiniones opuestas, principalmente entre ecologistas y economistas, ha llevado a un problema social y de seguridad a la humanidad.

Y de seguir así las cosas, ambas colapsaran, por eso es necesario un punto de acuerdo; pues resulta que el tema es de interés para la humanidad, por lo que debe verse con responsabilidad económica y ambiental.

Lo único que garantiza el éxito es que ambas actividades permitan resultados sustentables.

Por ahora se sigue perdiendo el tiempo con debates que no llevan a ningún lado, más que a demostrar que en el ring de la defensa de la verdad, se verá desmoronar ecosistemas importantes, un desarrollo económico y la seguridad de la humanidad.

Así es como entre líneas tan delgadas se encuentra el cultivo agrícola de palma africana.

En medio de la permanencia o su prohibición en los campos agrícolas, sólo queda lograr la sustentabilidad del cultivo.

Finalmente ninguna actividad que refiera descuido o alteración de la paz y subsistencia humana, puede ser sustentable en el tiempo.

CAPÍTULO I. LOS CLIMAS DE MÉXICO

La República mexicana tiene de climas muy variados entre zonas templadas y tropicales y climas fríos.

Dentro de los cuales se subdividen los climas; cálido húmedo, cálido semihúmedo, clima templado y clima seco.

Clasificación de climas de la República mexicana
Cálido húmedo
Cálido subhúmedo
Muy seco
Seco
Seco con lluvias en invierno
Templado con lluvias de invierno
Templado húmedo
Templado subhúmedo

Fuente: INEGI. Marco Geoestadístico Nacional 2005

Dado que México tiene una diversidad de zonas, no se puede determinar los climas, incluso por franjas; pues una zona puede variar sus temperaturas de manera muy considerable.

Conserva áreas desérticas, boscosas, sabanas, áreas bajas y elevaciones interesantes.

Condiciones que infieren en las temperaturas que fluctúan entre muy bajas, medianas y muy altas, donde en algunos puntos se alcanzan temperaturas 50°C, mientras que en otros desciende hasta -10°C.

Aunque en los últimos años las temperaturas han sido muy inestables.

En el invierno del 2018 se reportaron temperaturas muy frías en algunas franjas de la república mexicana.

La Comisión Nacional del Agua (CNA 2018)[1], ubicó zonas donde la temperatura descendió hasta los 0°C y en otras zonas donde alcanzó los -10°C.

Aunque en otras franjas, se registraron descensos de temperatura que fluctuaban entre 1 y 10 °C.

Por otro lado, el invierno también fue caluroso en otros puntos, pues se registraron temperaturas entre los rangos de 20 a 36°C, que en época invernal se consideran altas.

Incluso esas elevaciones de temperatura son muy parecidas a las que se registran en verano.

Ni que decir que; en pleno verano algunas zonas presentaron climas muy calurosos, tanto; que en algunos puntos se alcanzaron temperaturas hasta de 50°C.

Aunque según los rangos del sistema meteorológico nacional, durante el mes de junio del 2018, en diferentes zonas de la república mexicana, se registraron temperaturas que oscilaban entre los 40 y 50°C. (CONAGUA, 2018, pág. 22)

Aunque algunas franjas disfrutaron de climas menos calurosos, pues en algunos puntos del territorio, se registraron temperaturas mínimas entre los 10 y 1 °C. (CONAGUA, 2018, pág. 24).

La fluctuación de climas en el territorio nacional, no fue lo más significativo, pues en el mismo verano del 2018, también se presenciaron fenómenos pluviales que provocaron inundaciones en diversos lugares.

Donde se observó que los Estados más afectados superaron los registros

---

[1] Véase página oficial de la Comisión Nacional del Agua, consúltese la liga: http://smn.cna.gob.mx/es/climatologia/temperaturas-y-lluvias/resumenes-mensuales-de-temperaturas-y-lluvias.

de precipitación máximos históricos. (CONAGUA, 2018, págs. 27-30).

Fenómenos que fueron registrados en más de la mitad del territorio mexicano que registraron lluvias intensas en pleno verano.

Y así entre máximos y mínimos, en los últimos años los múltiples comportamientos climáticos, impiden señalar cifras constantes que indiquen con precisión los climas que se viven en México incluso en el mundo.

Entre olas intensas de calor, descensos de temperaturas, precipitaciones abundantes, se ven pasar las estaciones del año.

Es decir; en verano, que es considerada la época más calurosa y con mayor sequia del año, se pueden registrar inundaciones o descensos de la temperatura hasta 1°C.

Por otro lado; en el invierno, que es considerada la estación más fría del año, se observan temperaturas nada invernales, pues estas pueden alcanzar hasta 36°C.

Pero no todo es tan malo, dado la pluralidad de sus climas, México posee una diversidad de flora y fauna.

A nivel planetario ocupa un lugar importante en cuanto a la biodiversidad mundial.

Y en eso, sus climas tan variados influyen para que se constituya importantes ecosistema.

Según el INEGI su variedad de paisajes hacen las condiciones perfectas para que albergue en ella el 10% de la diversidad de flora y fauna que existen en todo el planeta.

Una cifra nada despreciable que debe ser tomada en cuenta, para las acciones de protección y conservación de la flora y fauna.

Dentro de las áreas más ricas en biodiversidad se encuentra el trópico húmedo, que por sus condiciones climáticas, ofrece los mejores hábitats tanto para lo flora como para la fauna.

1.1.   El trópico húmedo

El trópico húmedo es una zona cálida donde se observan diversos climas durante todo el año.

Las estaciones del año son muy marcadas con temperaturas altas y con abundantes precipitaciones anuales.

De pronto con el sol brillante puede caer un torrencial de agua sin que se observan nubes que la anticipen.

O un torrencial puede acompañarse de una granizada.

Sus climas favorecen a la zona para el desarrollo y crecimiento de un sinfín de vegetación y crea las condiciones perfectas para alojar en ella una diversidad de fauna.

Dependiendo de su ubicación, topografía y altura sobre el nivel del mar, se observan diferentes tipos de suelo y por ende de vegetación y fauna.

Aunque en el trópico húmedo, por lo general el tipo de vegetación que se observa es boscosa, es decir; diversidad de selva tropical.

Pero también tiene una diversidad importante en los tipos de suelos.

Esa pluralidad permite el desarrollo diversificado de flora y fauna, lo que resalta los paisajes que revisten la zona.

Pero en el trópico húmedo no sólo se observa una diversidad de flora y fauna, sino que además; es una zona muy rica en humedales y abundantes cuerpos de agua.

Lo que lo convierte en el hábitat perfecto para variadas especies del reino animal y vegetal.

En las zonas tropicales la vegetación por lo general se observa rejuvenecida al favorecerse de humedales, lagos, ríos, pantanos, cascadas, manglares, ojos de agua y el efecto de las zonas costeras.

Así todos esos elementos naturales, se conjugan con los colores de la flora y la fauna que habitan en la zona.

En épocas de primavera se observa el reverdecer de la naturaleza, que vigoriza el ambiente con sus interesantes coloridos.

Se escucha el cantar sinfónico de miles de aves que se enaltecen al ver las galanterías de la naturaleza, pero también; se observan la praderas y jardines repletas de flores que resurgen como avisando que ha llegado la primavera.

Miles de polinizadores visitan incluso los jardines de la casas.

La estación primaveral hace de la flora el escenario perfecto para los insectos y animales polinizadores, que dicho sea de paso; desempeña un papel transcendental en la polinización de todo tipo de plantas.

En el verano, aunque en el trópico es una de las estaciones más calurosas, las áreas boscosas absorben el exceso de calor por la falta de precipitaciones.

Pero en las estaciones otoñales del trópico húmedo, se alimentan nuevos espectáculos naturales, en la florescencia se observa combinación de tonos naranjas, rosas, rojos, morados y amarillos.

Al llegar el invierno, se espera el desplazamiento de la fauna que decide viajar kilómetros para disfrutar de las cálidas temperaturas que ofrece la zona tropical.

1.2.   Los climas en las regiones palmeras de México

En México el trópico húmedo se divide en zona tropical subhúmeda y zona tropical húmeda.

Esta zona principalmente se concentra en el sureste mexicano, con excepción del Estado de Puebla, Guerrero, Oaxaca y Veracruz, que tienen una diversidad de climas y dentro de ellos; tiene climas subhúmedos.

Tal como lo señala el INEGI[2] el trópico húmedo está distribuido en los Estados de Yucatán, Campeche, Chiapas, Tabasco y Veracruz, y en pequeñas franjas los Estados de Guerrero, Oaxaca, Puebla y Quintana Roo, también gozan de zonas tropicales.

Si bien el trópico ofrece buenas opciones para la vida en todas sus formas, lo cierto es que; en los últimos años sus climas han presentado una variabilidad significativa.

Tanto que ahora mismo es difícil determinar la condición, pues la proyección climática se clasifica atendiendo a características particulares, básicamente a la observación anual de las temperaturas y precipitaciones, su tipo de flora y fauna.

No obstante, cuando se habla de climas no hay verdades absolutas, ya que si bien la república mexicana tiene una diversidad de climas que se determina por zonas, también se muestran los cambios de una franja a otra.

1.2.1. Campeche

La proyección climática del Estado de Campeche es muy variante, se observan climas cálido subhúmedo, cálido húmedo, seco y semiseco.

---

[2] SAGARPA, (Servicio de Información Agroalimentaria y Pesquera, SIAP). Diciembre 9, 2013. *"Una mirada al panorama agroalimentario de México y el Mundo"* Número 25. Revista SIAP informa. Pág. 1. México.

Sus áreas limítrofes se encuentran al Norte con el Estado de Yucatán; al Sur con Belice y la República de Guatemala; al Este con el Estado de Quintana Roo y al Oeste con el Estado de Tabasco y el Golfo de México.

Campeche Representa 2.93% del territorio nacional, aunque con diversas temperaturas predomina el clima subhúmedo en el 92% del territorio. La temperatura media anual es de 26 a 27°C. Las lluvias son de abundantes a muy abundantes durante el verano. La precipitación total anual varía entre 1 200 y 2 000 mm, y en la región norte, de clima semiseco, es alrededor de 800 mm anuales. (INEGI 2009).

Se observa un área considerable de vegetación selvática que cubre una superficie extensa del territorio y cientos de kilómetros de zona costera.

Dentro de su territorio se localizan áreas de reserva importantes, como la biosfera de Calakmul, los petenes y la laguna de términos.

Los cuerpos de agua favorecen la zona, se disfruta de ojos de agua, ríos, lagunas, cascadas, mangle, además de que enriquecen los ecosistemas.

Tiene importantes yacimientos de agua que se pueden potabilizar para las diferentes actividades antrópicas.

Cuenta con llanuras, colinas y áreas pantanosas que se alimentan de las importantes precipitaciones que recibe durante todo el año.

Generalmente no se observan climas invernales, debido a que sus temperaturas generalmente están arriba de los 10°C.

Por lo que en las estaciones invernales, sus climas tropicales, hacen de Campeche un escenario perfecto para recibir la fauna que viaja largas extensiones para regocijarse en su territorio.

Sus climas favorecen los escenarios para una gama de especies agrícolas, que más adelante se detallarán.

Pero la situación climática en los últimos años es tan variante que puede influir en los estados ambientales y actividades antrópicas.

1.2.2. Chiapas

Las zonas limítrofes del Estado de Chiapas son: al Norte con el Estado de Tabasco, al Oeste con Veracruz y Oaxaca, al Sur con el Océano Pacífico y al Este con la República de Guatemala.

Representa el 3.74% del territorio nacional. El 54% del territorio, presenta clima Cálido húmedo, otro 40% observa clima cálido subhúmedo, un 3% clima templado húmedo y otro 3% presenta clima templado subhúmedo. La región norte del estado presenta lluvias todo el año, en el resto de la entidad, abundantes lluvias en verano. La precipitación total anual varía, dependiendo de la región, de 1 200 mm a 4 000 mm (Soconusco). (INEGI 2009).

Se observan pocas llanuras y abundantes elevaciones, formando colinas que prácticamente se encuentran en todo el Estado.

Aunque existen grandes elevaciones, aloja en su interior importantes cuerpos y yacimientos de agua, ríos, presas, lagunas, valles y cañones, que desembocan en paisajes naturales como cascadas, diversos lagos y el popular cañón del sumidero.

Dichas vistas se forman por el cauce de los ríos, que forman cascadas observando una cortina de agua que cae desde una altura que pude llegar a medir hasta 120 metros.

Al tener abundante agua, guarda en sus anchuras, una diversidad impresionante de flora y fauna, acompañado de paisajes únicos.

Por las mismas razones, los suelos son escenarios perfectos para la agricultura, lo cual es desaprovechada por los productores, que actualmente producen una diversidad de especies agrícolas tanto química como orgánica.

Uno de los pocos Estado con una diversidad climática importante, pero lo que no es tan variante, son las abundantes precipitaciones que se reciben durante todo el año, claro que depende de las condiciones de cada región.

En algunas zonas del Estado llueve durante todo el año, la única diferencia son los mm que caen en diversas estaciones sobre la superficie terrestre.

Además como pocos Estados; tiene definida las 4 estaciones del año, se puede observar la presencia de florescencias, de nieve o agua nieve, temperaturas altas, abundantes precipitaciones, y descenso de las temperaturas.

Tal como se observa del reporte de climatología (SMN 2018), en el periodo invernal del 2018, en algunas zonas se observaron temperaturas hasta 36°C., pero en otras zonas, se registraron temperaturas menores a los 10°C.

Pero en verano, la zona más calurosa del año, se reportaron temperaturas promedio de 38.8°C, mientras que la temperatura mínima promedio registrada fue de 10.6°C.[3]

Asimismo las precipitaciones anuales fueron constantes, pero según (SMN 2018) Chiapas se ubicó en el 3er. Estado de la República mexicana con una precipitación anual acumulada, de 1,705.30 mm., aunque la intensidad cambia entre las estaciones; pero también entre zonas.

---

[3] Estas temperaturas son promedio, en algunos lugares se pueden registrar temperaturas arriba de los 40°C, mientras que en otros; se pueden registrar temperaturas de -0°C.

Así los datos indican que las proyecciones climáticas del territorio chiapaneco se reportan vacilantes pero muy propicias para la vida silvestre y la producción agrícola.

1.2.3. Tabasco

El Estado de Tabasco colinda al Norte con el Golfo de México; al Este con el Estado de Campeche; al Sur con el Estado de Chiapas y la República de Guatemala y al Oeste con el Estado de Veracruz, sus climas son cálidos con regiones húmedas y subhúmedas.

Representa el 1.26% de la superficie total de México. El 95.5% de la superficie del Estado de Tabasco, presenta clima cálido húmedo, el restante 4.5% es clima cálido subhúmedo. Su temperatura media anual es de 27°C, con una temperatura máxima promedia de 36°C., y mínima promedio de 18.5°C. Su precipitación media es de 2 550 mm anuales, las lluvias se presentan todo el año, siendo más abundantes en verano y otoño. (INEGI 2009).

Según el (SMN 2018) es la entidad donde mayor precipitación se registró en el 2018, con 1,965.50 mm.

Pero la proyección climática como en todos los Estados de la república, ya no se puede definir con los históricos anuales, pues son tan fluctuantes y pueden variar de manera muy significativa.

Aun así; Tabasco ofrece muchas oportunidades para la flora y la fauna, está rodeado de humedales importantes, ríos, lagos, lo que crea las condiciones perfectas para albergar una importante biodiversidad.

De hecho, por sus entrañas atraviesan los dos ríos más caudalosos del País, el Usumacinta y el Grijalva.

No por nada sus suelos son ricos para actividades agropecuarias y se observan importantes zonas boscosas.

1.2.4.   Veracruz

El Estado de Veracruz colinda con 7 Estados de la Republica, al Norte con el Estado de Tamaulipas; al Oeste con los Estados de San Luis Potosí, Hidalgo y Puebla; al Sur con los Estados de Oaxaca y Chiapas; al Sureste con el Estado de Tabasco; y al Este con el Golfo de México.

Representa el 3.66% de la superficie del país, los climas que predominan son cálido subhúmedo con 53.5% y cálido húmedo con 41%, estos se localizan en la Llanura Costera del Golfo Norte y Sur; el restante; 3.5% presenta clima templado húmedo, el cual se localiza en las partes altas de las zonas montañosas y el 1.5% clima templado, localizado también en las partes altas de la montaña; el 0.5% es seco y semiseco localizado en la región oeste del Estado; y finalmente, un pequeño porcentaje (0.05%) es clima muy frío y se encuentra en las partes altas del Pico de Orizaba y Cofre de Perote. (INEGI 2009)

Tiene una temperatura media anual de 23°C, la máxima promedio es de 32°C y se presenta en los meses de abril y mayo; la mínima promedio es de 13°C y se presenta en el mes de enero, su precipitación media estatal es de 1 500 mm anuales, las lluvias se presentan en verano en los meses de junio a octubre; pero en la región colindante con Tabasco se presentan todo el año. (INEGI 2009)

En el año 2018 fue el cuarto Estado que mayor precipitación registró con 1,516.10 mm.

Su variedad en climas lo hace un Estado con posibilidades de albergar importantes ecosistemas.

Además de que tiene suelos prometedores para diversos cultivos agrícolas.

Tiene importantes cuerpos de agua, así como suelos ricos en minerales que favorecen todo tipo de cultivos.

Pero como en todo el globo terráqueo, los últimos años; ha sido un poco difícil definir con exactitud el comportamiento de los climas, incluso el comportamiento del factor humano respeto de ellos.

CAPÍTULO II. LA AGRICULTURA

El ser humano es todo un proceso ingenioso histórico, inventó la agricultura hace alrededor de 10.000 años a través de la observación y domesticación de las plantas.[4]

Desde ese momento, la agricultura se reconoció como una actividad primaria, inventada por el ser humano para producir sus propios alimentos.

Durante siglos el principal motivo para practicarla fue garantizar su seguridad alimentaria.

Desde su inicio; en el proceso de producción interactuó con diversos componentes de la naturaleza para hacer posible la actividad.

Desde ahí los factores ambientales se hicieron indispensables para la actividad agrícola.

El esfuerzo físico para sembrar no es suficiente, tiene una codependencia de la tierra y los componentes naturales.

---

[4] Centro Agronómico Tropical de Investigación y Enseñanza. Agroambiente. Costa Rica. 1986. Pág. 85.

Tanto que la separación de uno de ellos limitaría, incluso impediría la actividad agrícola.

No obstante los elementos ambientales que más intervienen en la explotación agrícola son los recursos hídricos, el suelo y sus componentes.

Donde por períodos prolongados se han obtenido importantes beneficios produciendo cultivos cíclicos y perennes.

Actualmente dicha actividad se manipula en todo el planeta y aunque su principal intención es asegurar la alimentación humana, se le ha agregado una carga económica y de desarrollo.

Cada zona tiene sus características edafoclimáticas específicas que permiten cultivar diferentes especies agrícolas.

Conocerlas es tan importante como la perfecta selección de los cultivos que se siembran en cada lugar.

De manera tal que esas condiciones edafológicas influye determinantemente en la selección, siembra y producción.

De alguna manera cuando se piensa en un cultivo específico, se pretende que la plantación alcance su desarrollo en condiciones óptimas para que pueda ser rentable.

De ahí que la agricultura es una actividad donde la mente humana fusiona los recursos naturales (clima, suelo, agua,) con el arte de sembrar semillas, núcleos y/o plántulas para cosechar un determinado producto.

No obstante, es bien sabido que esta actividad, ya sea en términos de subsistencia o económicos; generan impactos al medio ambiente.

Y en estos tiempos, donde los sistemas naturales de la tierra están agotados, cuesta más producir.

Aun así; su práctica es tan necesaria que no se puede excluir o sustituir.

Lo que lleva al productor a afrontar importantes desafíos y que le toca revolverse con objetividad y responsabilidad para producir con los menores daños colaterales.

2.1.　Importancia de la agricultura

La agricultura tiene diversas categorías en la vida del sujeto, pero dentro de ellas; existen dos que muestran su necesidad de practicarla.

La primera; sin duda la subsistencia de la humanidad a través de la seguridad del alimento, la segunda; la importancia económica que representa para el desarrollo.

Pues derivado de la siembra de distintos cultivos, se generan empleos y se contribuye a la comercialización.

Otro fenómeno que sin duda representa motivos interesantes es la agroindustria.

Para algunos autores, la agricultura reviste una gran importancia en las familias, la seguridad alimentaria, la generación de empleos agrícolas, la mitigación de la pobreza, la conservación de la biodiversidad y tradiciones culturales. (Salcedo & Guzmán, 2014, p. 18.)

No obstante esta actividad es un arte para el productor, pues debe tener conocimientos para saber elegir el cultivo apropiado y el lugar idóneo para sembrar, pues debe cumplir con las condiciones edafoclimáticas que el cultivo demanda.

En ese sentido, la agricultura requiere del ser humano habilidad y experiencia para que cultive lo que siembra.

Pero no sólo eso, el arte del agricultor es finalizar la siembra con una buena producción, es decir; rendimientos óptimos en cantidad y calidad.

Para ello; el que quiere producir debe saber qué, cómo, cuándo y dónde sembrar.

De tal modo que ello lo convierte en un experto en el arte de sembrar, que incluso sin tener estudios; le implica una experticia en la experimentación y selección, pero demás; conocer el modo, tiempo y lugar

Es decir; el agricultor debe saber que cultivo debe sembrar, como y cuando lo va a sembrar, pero sobre todo tener la capacidad de elegir correctamente el suelo donde producir.

Pues el que produce "requiere de una serie de factores de la naturaleza y el medio ambiente (atmosfera, territorio, química del suelo) que son entendidas como materias primas y que son necesarias para producir". (Domínguez Vargas, 2002, p. 10)

Parece una cosa sencilla, pero no lo es; pues el sujeto invierte su trabajo tanto físico como también mental para sembrar y luego producir.

Así para lograr una producción este agrupa un trabajo corporal, la invención, el trabajo de dirección y el capital con los recursos naturales.

Pero para que se lleve a cabo la producción de un cultivo, además de los factores ambientales; intervienen, otros elementos técnicos específicos a cada especie en concreto.

Así el agricultor adquiere la habilidad de elegir el cultivo, (que cultivo agrícola) tipo (cíclico o perenne), modalidad (temporal o riego) así como la época (primavera-verano u otoño-invierno).

De manera que el éxito para el agricultor, está en el arte de elegir y decidir.

La intención siempre es buscar el cultivo perfecto para los suelos adecuados.

De ello depende la eficiencia de la actividad agrícola y alcanzar excelentes rendimientos.

Dicho lo cual, producir no es una actividad cualquiera, es un arte que guarda importancia y consideración a nivel planetario.

Y no es para menos, pues la producción de alimentos garantiza la seguridad alimentaria de la humanidad.

Aunque en los últimos tiempos, los problemas que el productor debe enfrentar son diversos al depender de los factores climáticos y de suelos degradados.

2.1.1. Las limitantes

Al principio la actividad agrícola se comportaba muy dócil, de manera que se requería sembrar y esperar la bondad de la naturaleza.

El éxito consistía en seleccionar el cultivo y los suelos, esperar las condiciones climáticas óptimas y sembrar, de lo demás se encargaba la propia naturaleza

Pero el hecho de que la actividad primaria dependía de la naturaleza, con el paso del tiempo; esa dependencia principalmente del clima y los suelos; empezó a sensibilizar la actividad.

De modo que el aceleramiento de la actividad en condiciones no optimas, demandaron otras cargas a los suelos.

La exigencia de la labranza en las mismas condiciones cada ciclo agrícola, trajeron otras problemas.

Pero la mayor carga se le ha atribuido a la explosión de la actividad, con el fenómeno de la comercialización y la trasformación de los productos a través de la industria.

Dar valor agregado a la producción agrícola, a través de la

industrialización del producto, representa hasta hoy, la explotación intensiva y extensiva de los suelos.

Pues para lograr las exigencias agroindustriales, la actividad demanda más extensiones de tierras aptas para la agricultura.

Lo que provoca un estrés a los factores ambientales involucrados impactando a la biodiversidad.

Así es como lo que empezó con una labranza menor, ahora está en todas partes como un proceso masivo de producción, incluso si eso significa la deforestación intensiva de zonas boscosas, al uso abundante de agua, la degradación de los suelos.

Aunado a la tala inmoderada y al uso inadecuado de los recursos hídricos, las prácticas como el monocultivo generan un mayor desgaste en los suelos.

Por si no fuera poco; ahora se hace necesario aplicar técnicas para incrementar sus rendimientos.

Así a través del uso de fertilizantes se obliga a los cultivos para que alcanzaran mejores rendimientos.

Esos acontecimientos han generado impactos considerables a los procesos naturales de la tierra, de manera que en muchas partes de la tierra se ha modificado la estructura hídrica y la composición de los suelos.

Una cosa ha llevado a otra; la deforestación masiva ha incidido en el calentamiento de la tierra y por ende; en la erosión de los suelos por la pérdida de humedad y de nutrientes.

Mientras que la falta de áreas boscosas irrumpe en el proceso de las precipitaciones pluviales.

Todo ello trae aparejado cambios en los climas disminuyendo las condiciones óptimas para la producción.

De modo tal que las principales limitantes para la agricultura, se observan con las variaciones climáticas que van gradualmente en aumento.

Derivado de ello, el productor agrícola se ha convertido en víctima de los climas opuestos, por un lado, exceso de sequias, por otro lado; abundantes precipitaciones, en otros escenarios, heladas, y en contra posición; olas de calor intensas

Definitivamente esos cambios extremos de los climas, afectaron la forma de producir, y esto es así porque se alteran los tiempos de siembra y cosecha, pues en los periodos de precipitaciones ya no llueve o llueve hasta inundarse y en las épocas de invierno las temperaturas bajan hasta congelar la tierra.

Las estaciones del año son tan variables que, en un año agrícola; se observa el ahogamiento de los cultivos por exceso de precipitaciones; el estrés hídrico por las olas de calor o la perdida de calor del cultivo y congelamiento de los frutos por las heladas.

Poco a poco el año solar ha cambiado modificando las actividades del agricultor, por ello se puede decir que las variaciones climáticas, al ser cada vez menos predecibles; representa una limitante para la agricultura. Pero tal como lo señala la FAO:

> *La agricultura no sólo es víctima del calentamiento del planeta. Actualmente, también es un factor que contribuye a ello y en el futuro podría participar considerablemente en la reducción del cambio atmosférico de la Tierra. Cerca del 25 por ciento de las emisiones de bióxido de carbono proceden del cambio de la explotación agraria (sobre todo de la deforestación en las zonas tropicales), y la utilización de fertilizantes es uno de los orígenes principales de los óxidos nitrosos producidos por el hombre.* [5]

---

[5] Página oficial de la FAO. Véase "La agricultura y los cambios climáticos: la función de la FAO. *La variabilidad del clima es el mayor problema para los*

Tan es así que una serie de prácticas agrícolas han contribuido a los fenómenos de variabilidad del clima, que en una paradoja; han sometido los ánimos del agricultor de cultivar.

2.2.   El monocultivo

El término se refiere a la explotación extensiva de los suelos con una sola especie, es decir; la siembra de una sola variedad agrícola.

Su principal característica es que un cultivo cubre grandes extensiones de terreno y su finalidad es sembrar en áreas compactas.

Estandariza toda una producción y se puede ejecutar a pequeña, mediana y grandes escalas.

Del mismo modo ayuda a normalizar los mismos procesos técnicos para toda el área sembrada.

Por ello, este método de siembra tiene una serie de impactos importantes tanto para la economía como para la producción pero también para el ambiente.

Si bien es cierto que tiene beneficios, también se considera que puede traer complicaciones ambientales muy importantes.

Razón por la cual, esta práctica extensiva se considera poco amigable con el planeta.

En este tipo de explotación agrícola, una de sus ventajas más atractivas son los rendimientos económicos que promete.

Principalmente por ello los costes medioambientales pasan a segundo plano, máxime si su principal fin es agroindustrial.

---

agricultores de hoy" consultado en la liga
http://www.fao.org/Noticias/1997/971201-s.htm. 29 de marzo de 2019.

Para Ovares el fenómeno estandarizado del cultivo, no toma en consideración la biodiversidad ambiental.

> *Los monocultivos son la uniformidad de variedades y la dependencia del uso estandarizado de insumos químicos que ignora la heterogeneidad ambiental que caracteriza a los sistemas de agricultura a pequeña escala, estos generan una mayor susceptibilidad a las plagas y enfermedades, es un modelo que constituye un peligro a la pérdida de la germoplasma endógena, derivado de la sustitución de amplios recursos genéticos locales por un poca variedad.* (Ovares, 1995, pág. 125).

En la versión que sea, estas actividades agrícolas son poco sustentables con el medio ambiente, pues su ejecución puede modificar las áreas boscosas y a su vez; de forma grave la estructura de los suelos.

El hecho que "un sistema agrícola incita a la siembra de un sólo cultivo en el mismo terreno año tras año, demanda los mismos nutrientes del suelo durante largos periodos de tiempo, excitando a que la tierra se canse rápidamente y pierda su fertilidad". (Acevedo Ligorria, et al., 2009, p. 88).

Además "es un sistema de cultivo apoyado en una sola producción, en donde el productor basa sus economías en la venta de un sólo producto, pero le toca enfrentar sus puntos débiles: son afectados por los azares climáticos, presenta variaciones en sus rendimientos, agotamiento y en algunos casos erosión de los suelos" (George, 1991, p. 400)

Lo que significa que al sembrar un solo cultivo en un área extensa, repercute de forma negativa al medio natural, sobre todo la estructura de los suelos.

Principalmente por lo que señala (Villalobos Zapata y Mendoza Vega, 2010, p. 746) "esta actividad se realiza haciendo un uso intensivo del suelo y uso extensivo de fertilizantes, lo que representa una amenaza a la biodiversidad del medio rural".

Aunque sembrar un sólo cultivo en un área compacta, facilita el uso eficaz de los recursos, permite un uso más eficiente de maquinaria y equipo para preparar el suelo, sembrar, controlar maleza y cosechar, pero también para el control de plagas, malezas y enfermedades.

Pero, como posee beneficios, también trae riesgos significativos, ya que la concentración de un sólo cultivo, expone a la plantación al de ataques de plagas y enfermedades, lo que vulnera incluso a la propia plantación Aunado a que el uso constante de una sola área, contribuye a la aceleración del empobrecimiento de los suelos.

Pues el aprovechamiento basado en un modelo de rendimiento, exige un control más riguroso de sanidad y nutrición.

Si los nutrientes del suelo se agotan ya no aportan al cultivo el alimento necesario, lo que incita a un manejo de nutrición a base de químicos para lograr una buena producción.

Entre el manejo de sanidad y nutrición, se incrementa el uso de plaguicidas, fungicidas, herbicidas y fertilizantes.

Y aunque si bien es cierto el monocultivo minimiza el trabajo manual, no es menos cierto que se maximiza el uso de insumos con fuertes bases químicas.

Lo que lleva a otro problema, pues un uso inadecuado puede contaminar y salinizar los suelos, pero el uso excesivo puede terminar por contaminar la producción.

A consecuencia de ello; se corre el riesgo de modificar la estructura de los suelos e inclusive de llegar a afectar la fertilidad.

No obstante, con todas las ventajas y desventajas, el monocultivo es muy común en los campos agrícolas.

Cuando se ejecuta a mediana y grandes escalas, sus principales fines van más allá de la seguridad alimentaria, ya que se pretende su la comercialización.

Generalmente se considera un modelo de agricultura con orientación industrial, pues sus fines son el mercadeo y la trasformación del producto.

A diferencia de la agricultura de autoconsumo, este modelo agrícola busca incrementar la producción estandarizada.

Pero en un método que mal aplicado puede resultar contraproducente para la misma actividad y los bienes ambientales.

2.3.   Los cultivos perennes

Son conocidos como prácticas agrícolas muy comunes, donde se busca establecer cultivos que perduren en el tiempo.

Es decir; el laboreo de siembra se hace por única vez y después se aprovecha los beneficios por largos periodos agrícolas.

Se puede decir que reduce el laboreo de la siembra cíclica, disminuyendo recursos y esfuerzos para el agricultor.

Pues los cultivos perennes se siembran y posteriormente únicamente demandan un mantenimiento para aprovechar la cosecha por varios años agrícolas.

Por eso una de las características es que, se les conoce como cultivos duraderos en el tiempo, pues no requieren de siembras anuales como suele suceder con los cultivos cíclicos.

Se pueden establecer como cultivo de traspatio y en los campos a baja, media y gran escala, requiriendo por única vez inversión para su establecimiento.

Se consideran cultivos muy dóciles, pues aunque el agricultor no le suministre nutrición, estos; se mantienen con la nutrición aportada por el suelo, claro que los rendimientos no son los mismos.

Pero cuando este cultivo es sembrado en suelos altos en minerales y nutrientes, sin exponerlo a estrés hídrico, los rendimientos pueden ser sorprendentes.

Su forma de supervivencia, es una ventaja para el agricultor de autoconsumo, pues cuando el cultivo se establece, el productor puede cosechar los frutos durante varios años sin el menor esfuerzo.

Aunque en las últimas décadas, las bondades de su aprovechamiento se han diversificado, puesto que este método de cultivo agrícola también favorece a los agricultores lucrativos.

Y es que los cultivos perennes resultan atractivos económicos para agricultor, pues se pueden producir en diversas estaciones del año.

Y aunque lo anterior puede permitir rendimientos muy variables, de todas maneras presentan utilidad.

Aunque los índices de rendimiento dependen de factores técnicos y ambientales, como el manejo de la plantación, las variedades de las plántulas o semillas, especies y las condiciones del suelo donde se establece. Aun así, el productor cosecha.

Sin embargo aún y con los años que estas pueden permanecer en producción, las plantaciones perennes también fenecen.

La ventaja de ello es que el tiempo de vida es mayor a dos ciclos, independientemente del número de cosechas que se obtengan.

Es decir, existen cultivos perennes que duran entre 2 y 30 años produciendo, por tal razón; también se les conoce como cultivos de ciclo largo.

Si bien existen cultivos que viven muchos años más, su producción sólo es un proceso natural de la planta, ya no representan rendimientos.

"Su periodo vegetativo se extiende más allá de los doce meses y por lo regular; una vez establecida la plantación, se obtienen varias cosechas, mismas que son continuas o cíclicas, dependiendo del tipo de plantación" (Inegi, 1997, p. 67).

> *Los cultivos perennes ya plantados pasan por una etapa de desarrollo, seguida de una etapa productiva de varias cosechas o ciclos productivos y tienen resistencia a climas adversos, pueden crecer en casi todos los ecosistemas del país, y requieren de menor inversión al durar bastantes años.* (Inegi, 2012, p. 3)

Si bien requieren del factor tiempo para crecer y desarrollarse hasta alcanzar la edad de producción, una vez alcanzada la edad optima, el agricultor disfruta de la cosecha constantemente.

Es por ello; que los cultivos perennes representan un suceso agrícola con viabilidad importante para la seguridad agroalimentaria y el desarrollo económico de generaciones completas.

2.4.   La deforestación

El fenómeno de deforestación, no es nuevo, está presente desde hace muchos años atrás, pero la evolución humana lo ha agravado.

Sim embargo; existen actividades que sobresalen, tal es el caso de la agricultura la y la ganadería, que han influido en la perdida de millones de bosques.

Por ello; el concepto "deforestar" se relaciona con la tala de enormes áreas boscosas, inducidas por la acción humana para básicamente la domesticación de animales y la producción de semillas.

Aunque ahora existen otras actividades que también tiene una influencia en la perdida de áreas boscosas, los antecedentes de deforestación datan desde el origen del ser humano.

Claro que la diferencia era abismal, pues al principio se ejecutaba con fines de supervivencia, es decir; la superficie derribada no era representativa, pues únicamente de utilizaba construir chozas y resguardarse de los eventos climáticos y los animales salvajes.

Pero al asentarse y formar poblaciones, la recolección de frutos ya no abasteció sus necesidades, por lo que buscó la forma cultivar las semillas y producir sus alimentos.

Posteriormente; como fueron colonizándose, los asentamientos fueron en aumento y el fenómeno de deforestación se incrementó.

Si bien; paralelo al cambio de paradigmas de subsistencia, la deforestación se intensificó de forma intensiva y extensiva, es muy sabido que históricamente son las tareas agropecuarias, las que suponen las principales causas de talar grandes extensiones de bosques.

Ya que ambas actividades requieren áreas extensas para el pastoreo de los animales y para la siembra de cultivos agrícolas a mayor escala.

Desde luego que el desarrollo natural de la humanidad ha influido en que otras actividades también aprovechen los bienes forestales con fines agroindustriales.

Entonces la repetición constante de dichas acciones, han incrementado la deforestaron las áreas boscosas.

Si bien los antecedentes señalan a las actividades agropecuarias como principales causantes, actualmente; son muchas más las acciones antrópicas que influyen para que la deforestación no cese.

De una manera u otra; todas las actividades explotadas por el sujeto, han tenido un coste incalculable al medio natural.

Pareciera que el problema se resuelve reforestando, pero la realidad es que tal fenómeno ha desordenado la vida silvestre, puesto que los principales factores impactados han sido y siguen siendo: el suelo, la flora y la fauna.

Y como no si al desaparecer los bosques, el suelo se expone a las inclemencias del tiempo, la flora se destruye, mientras que la fauna al ver su hábitat destruido, no le queda más que emigrar.

A pesar de los impactos a la vida silvestre y a la propia humidad, el fenómeno de deforestación es considerada el primer motivo de agotamiento de los bosques, y desafortunadamente se continúa para construir todo tipo de economías para satisfactores humanos.

De acuerdo con Greenpeace, en un artículo publicado sobre las causas de la deforestación, señala que: *la deforestación ha acelerado la destrucción de los bosques y que ha colocado en estado de emergencia a una gran variedad de especies de flora y fauna que dependen de ese ecosistema. Entre esas especies se encuentra la humana y que en México existe un ritmo de deforestación muy acelerado y es considerado uno de los más intensos del planeta.* [6]

Es así como la deforestación, se ha colocado como un tema de preocupación mundial.

La (UNAM 2009), sostiene que México se encuentra en el quinto lugar de deforestación a nivel mundial y cada año se pierden alrededor de 500 mil hectáreas de bosques y selvas por la acción de la deforestación, colocando en un riesgo latente de extinción no sólo a la masa arbórea sino que también se pone en decadencia una gran variedad de plantas y animales.

Las cifras mundiales de deforestación son alarmantes, si bien la mesa dogmática, jurídica, académica, científica y estudiantil, muestra una realidad impresionante, el problema sigue siendo como frenarlo.

A pesar de las políticas medioambientales adoptadas, el fenómeno rebasa las buenas intenciones que no son suficientes para seguirle el

---

[6] Greenpeace s.f., La Deforestación y sus Causas. Recuperado de: http://www.greenpeace.org/mexico/es/Campanas/Bosques/La-deforestacion-y-sus-causas/. Consultado en diciembre 2018.

paso a la tala inmoderada.

Las acciones que se han tomado para la recuperación de la cobertura vegetal, no son más que alicientes del momento, que no resuelven el problema.

Y en una paradoja, esas acciones han sido un factor para el incremento de la deforestación.

Tal es el caso de las plantaciones comerciales, el objetivo es producirlas para procesarlas, más no para reforestar.

Lo que se puede observar con todo esto es que el fenómeno de deforestación, es una acción inminentemente humana que lastima la vida en todas sus formas.

2.5.   El impacto ambiental

Se debe entender como impacto todo aquel efecto que se produce sobre algo como consecuencia de una acción u omisión.

La agricultura como una necesidad para la vida humana, se ha ejecutado a pequeña, mediana y gran escala.

No obstante, ha tenido repercusiones en diferentes factores ambientales.

Pues las actividades que el sujeto realiza como consecuencia de una vida en sociedad, en menor o mayor medida; dejan huellas al entorno.

De modo que el medio ambiente se ve afectada en muchas esferas, tanto que su recuperación es muy lenta o difícil, es así como las heridas del ayer se convierten en marcas de hoy y preocupaciones para el mañana.

Es importante señalar que por años el medio ambiente natural ha absorbido un sinfín de alteraciones que las actividades humanas le han obsequiado.

Por mencionar algunas, la agricultura es una de las principales actividades primarias, que para subsistir siempre ha necesitado de bienes naturales.

Pero con el tiempo, la deforestación constante y excesiva han dejado huellas con impactos significativos al entorno natural, y en una paradoja; los daños se han reflejado en la propia agricultura.

Tan es así; que derivado de la vulnerabilidad de los entornos naturales, hoy los ciclos agrícolas son impredecibles

Pues en los últimos años, el agricultor se enfrenta a extremos cambios en el clima.

Lo más absurdo es que, la agricultura ha participado en alteración y ahora se afecta por ello, Abella señala que *"el impacto es la representación entre la potencialidad y fragilidad del medio frente a un proyecto. Por ello el concepto de impacto ambiental representa cualquier alteración del medio derivada de la acción humana con o sin actuación responsable"*. (Andrés Abellán y García Morote, 2006, p. 40,198).

Aun así, la agricultura es un mal necesario que garantiza la seguridad agroalimentaria de la humanidad.

Por esa razón se seguirá llevando acabo, incluso si para ello; se alteran entornos naturales importantes.

En gran parte; las huellas que ha provocado, ahora le cobran facturas muy altas a la propia actividad, pero en un efecto colateral; se afectan otros escenarios de la vida.

Finalmente, el impacto ambiental que se siga provocando derivado de estas y otras actividades, seguramente se verá reflejado en el desarrollo de la humanidad presente y futura.

2.6.   La Biodiversidad

"Biodiversidad" la pluralidad de vida que habita sobre el planeta, se compone de la vida humana, animal y vegetal que habita en un ambiente natural, pero además se incluyen los microorganismos y los entes que auxilian para que la vida sea posible.

El concepto abarca un campo muy extenso, donde se sustentan grandes emporios y se sostiene el desarrollo humano.

Para la UNESCO, "la biodiversidad, que también puede verse como la diversidad biológica, representa la variedad de formas de vida en la Tierra. Comprende todas las cosas vivas con su estructura genética particular y abarca desde los virus microscópicos hasta los animales más grandes del planeta, plantas enormes como la secuoya gigante, así como extensos paisajes formados por una gran variedad de ecosistemas, incluye a los seres humanos como parte de ella."[7]

Por otro lado la ONU señala que dentro de la biodiversidad se debe considerar además el medio no viviente, pues como una unidad funcional interactúa con los organismos vivos.

> *Por "diversidad biológica" se entiende la variabilidad de organismos vivos de cualquier fuente, incluidos, entre otras cosas, los ecosistemas terrestres y marinos y otros ecosistemas acuáticos y los complejos ecológicos de los que forman parte; comprende la diversidad dentro de cada especie, entre las especies y el complejo dinámico de comunidades vegetales, animales y de microorganismos y su medio no viviente que interactúan como una unidad funcional.[8]*

De modo que toda la variabilidad que ocurre dentro de los procesos naturales para que la vida sea posible, debe considerarse dentro del

---

[7] http://www.unesco.org/new/es/office-in-montevideo/natural-sciences/ecological-sciences/mab-lac-themes/biodiversidad/. Consultado el 5 de diciembre de 2018.

[8] Naciones Unidas. Convenio sobre la Diversidad Biológica. ONU. 1992.

término biodiversidad. Sánchez señala que:

Se debe entender como diversidad biológica a la diversidad de organismos vivos considerando todos los niveles de organización, incluyendo a los genes, especies y a los niveles taxonómicos más altos, la variedad de hábitats, ecosistemas y procesos naturales que ocurren dentro de los mismos. [9]

Es así como la biodiversidad, se relaciona de manera dinámica con todas las actividades antrópicas.

Y las actividades agrícolas no son la excepción, pues existe una relación muy estrecha entre la biodiversidad y las actividades agrícolas.

Pues si bien diversas prácticas humanas han alterado la diversidad de vida del planeta, la agricultura lleva a cuesta un grado de responsabilidad importante en tal afectación.

Producir impacta de alguna manera, tanto al renio animal como al reino vegetal.

Ya que cuando se establecen los cultivos, las prácticas más recurrentes son: la deforestación, la inducción de quema y el manejo de químicos.

De tal manera que se destruye la flora y se altera el hábitat de la fauna, quien se ve obligada a emigrar a otro sitio, donde se enfrenta a un nuevo modelo de vida, (depredadores, clima, alimentación).

Si bien las prácticas agrícolas son un factor determinante para la subsistencia humana, también lo son para la desaparición de la vida natural.

En los últimos años la humanidad y la vida natural, enfrentan una metamorfosis que hace más fatigoso los procesos.

---

[9] Sánchez y Gándara. Arturo. Conceptos Básicos de Gestión Ambiental y Desarrollo Sustentable. S y G editores. México. 2011. p. 100.

2.7.   Los suelos

Es la superficie terrestre donde se sustentan importantes factores ambientales, tiene una estructura que sostiene a la corteza terrestre y guarda una relación importante con todos los procesos naturales de la tierra.

Tienen una relación con todas las actividades antrópicas, no por nada es considerado el principal componente para la actividad agrícola.

Su formación es un proceso muy lento, requiere cientos de años para que el suelo alcance el espesor mínimo necesario para que sea apta para producir la mayoría de los cultivos.[10]

Está compuesto por minerales, agua, calor, rocas, sedimentos que ayudan a la desintegración de las rocas, microorganismos, entre otros elementos.

Cada componente tiene una función, que al final hace posible la existencia de cada capa conocida como suelo.

Existe una gran variedad de suelos, que dependiendo de su estructura tienen una funcionalidad específica.

En toda la extensión planetaria se observan suelos arenosos, limosos, arcillosos, calizos, pedregosos, de turba y salinos, cada uno guarda características especiales.

Tiene propiedades particulares en su estructura de textura.

Aun y con sus particularidades tan distintas, cada tipología en su sentido más amplio; tiene la capacidad de albergar una impresionante diversidad de vida.

---

[10] Página oficial de la FAO. Véase la liga http://www.fao.org/docrep/006/w1309s/w1309s04.htm. Consultado el 5 de diciembre del 2018.

Existen suelos que por sus características son muy fértiles, pero también existen suelos que no lo son, y en el peor de los casos, por la influencia humana dejaron de serlo.

Su capacidad es multifacética y trascendental, al ser capaz de sostener y mantener procesos naturales importantes para la vida en todas sus formas.

Es un elemento natural insustituible, pues cubre los mantos freáticos en donde se genera el agua apta para consumo humano.

Sustenta a la vegetación y el reino animal, al mismo tiempo se considera el primer eslabón de la cadena alimenticia.

Aporta nutrientes necesarios para el crecimiento y normal desarrollo del reino vegetal, pues de no existir estos, sería imposible el crecimiento de la vegetación.

Incluso se destaca como el principal sustrato para la actividad agrícola, pues son los encargados de proporcionar la mayor parte de los nutrientes que los cultivos necesitan para lograr el desarrollo.

Por ejemplo, infoagro ha categorizado los nutrientes del suelo en macronutrientes, mesonutrientes, micronutrientes u oligoelementos.

Y cada uno de estos agrupa una serie de elementos necesarios para la producción de la vegetación.

Tabla de las Funciones de los nutrientes en las plantas y sus síntomas de deficiencia

Nutriente	Función	Síntomas de deficiencia
Nitrógeno (N)	Estimula el crecimiento rápido; favorece la síntesis de clorofila, de aminoácidos y proteínas.	Crecimiento atrofiado; color amarillo en las hojas inferiores; tronco débil;

		color verde claro.
Fósforo (P)	Estimula el crecimiento de la raíz; favorece la formación de la semilla; participa en la fotosíntesis y respiración.	Color purpúreo en las hojas inferiores y tallos, manchas muertas en hojas y frutos.
Potasio (K)	Acentúa el vigor; aporta resistencia a las enfermedades, fuerza al tallo y calidad a la semilla.	Oscurecimiento del margen de los bordes de las hojas inferiores; tallos débiles.
Calcio (Ca)	Constituyente de las paredes celulares; colabora en la división celular.	Hojas terminales deformadas o muertas; color verde claro.
Magnesio (Mg)	Componente de la clorofila, de las enzimas y de las vitaminas; colabora en la incorporación de nutrientes.	Amarilleo entre los nervios de las hojas inferiores (clorosis).
Azufre (S)	Esencial para la formación de aminoácidos y vitaminas; aporta el color verde a las hojas.	Hojas superiores amarillas, crecimiento atrofiado.
Boro (B)	Importante en la floración, formación de frutos y división celular.	Yemas terminales muertas; hojas superiores quebradizas con plegamiento.
Cobre (Cu)	Componente de las enzimas; colabora en la síntesis de clorofila y en la respiración.	Yemas terminales y hojas muertas; color verdeazulado.
Cloro (Cl)	No está bien definido; colabora con el crecimiento de las raíces y de los brotes.	Marchitamiento; hojas cloróticas.

Hierro (Fe)	Catalizador en la formación de clorofila; componente de las enzimas.	Clorosis entre los nervios de las hojas superiores.
Manganeso (Mn)	Participa en la síntesis de clorofila.	Color verde oscuro en los nervios de las hojas; clorosis entre los nervios.
Molibdeno (Mo)	Colabora con la fijación de nitrógeno y con la síntesis de proteínas.	Similar al nitrógeno.
Zinc (Zn)	Esencial para la formación de auxina y almidón.	Clorosis entre los nervios de las hojas superiores.

INFOAGRO (información técnica Agrícola)[11]

Para la actividad agrícola son necesario la obtención de diversos nutrientes del suelo, tales como: (nitrógeno, calcio, azufre, potasio, magnesio, fosforo), pero dependiendo de las condiciones de éstos, puede ser necesario el suministro alterno de alguno de ellos.

Aunque los nutrientes son importantes, también se requiere humedad y un alto grado de permeabilidad o porosidad.

Si bien los suelos de manera natural posen condiciones apropiadas para albergar un sinnúmero de vegetación, en los últimos años su estructura se ha modificado tanto, que para la agricultura puede no ser suficiente.

Lo que ha desmejorado la capacidad natural para producir sin alternativas químicas. Incluso se ha llegado a la necesidad de una clasificación para producir, ahora se observan suelos de alta, mediana,

---

[11] Información obtenida de la revista INFOAGRO (información técnica Agrícola), Véase liga https://infoagro.com/mexico/nutrientes-presentes-en-el-suelo/

baja o nula calidad para producir, aun así dicha clasificación es muy dinámica.

De acuerdo con lo que señalan (Villalobos Zapata, et al., 2010, p. 20):

> *El suelo, es un cuerpo natural que se localiza en la corteza terrestre en la que la litósfera, la hidrósfera, la atmósfera y la biósfera se sobrelapan, producto de la interacción de los factores formadores de suelo, este es frágil, no renovable en escalas de tiempo humanas, está sujeto a la degradación bajo prácticas de manejo arbitrarias, es un sistema tridimensional, dinámico, complejo y activo en el espacio y el tiempo. Los suelos constituyen el medio natural en dónde se desarrolla la vegetación y los cultivos agrícolas; hábitat de organismos; es regulador del ciclo hidrológico.*

Aunque el suelo es estudiado como un recurso inagotable, sus elementos nutricionales si pueden disminuir o agotarse hasta obtener suelos desérticos e infértiles.

No es para nada menor, el estrés que se ha puesto sobre él.

Y hay que tener cuidado, pues su recuperación necesita un tiempo fuera de la escala de tiempo humano.

De no tomarlo en cuenta, quizás estas generaciones aun no; pero las próximas se enfrentaran a serios problemas para producir sus alimentos.

CAPÍTULO III. LA AGRICULTURA EN EL TRÓPICO HÚMEDO DE MÉXICO

3.1.   Antecedentes

Poco más de tres décadas atrás en el trópico húmedo, los campos mexicanos denotaban el trabajo de los ancestros, cada ciclo de producción había un producto que cosechar en el campo.

Parecía que todo favorecía la actividad, la lluvia llegaba a punto para sembrar, los campesinos hacían su trabajo.

El lema era "lo único que no se da en la tierra, es lo que no se siembra"

Para las culturas indígenas la lluvia era un ritual, incluso se esperaban en una fecha específica, era como un aviso de los Dioses, que había llegado el momento para cultivar la tierra.

Todo parecía estar en armonía, el clima, la tierra, la labranza, pero ese escenario fraternal que tenía el mundo natural con la agricultura, empezó a cambiar.

Los cambios drásticos de los climas afectaron la actividad.

A principios del siglo XXI el campo empezó a enfrentar un escenario nuevo para el agricultor.

Aunque todos los cultivos se han visto afectados, sin duda los más vulnerables fueron los que se cultivaban en modalidad de temporal, es decir; dependían completamente del clima y sus comportamientos.

Cuando los cambios climáticos no favorecían, la producción disminuía, incluso se perdía.

Pero cuando el clima mostraba su bondad, otro problema amenazaba la producción, el fenómeno económico "la oferta y la demanda" disminuía el costo del producto.

Ya que a mayor oferta de producto, el costo se abarata representando pérdidas para los productores.

Esos escenarios favorecieron la aparición del coyotaje, que por mucho tiempo representó la mejor opción, pues si no vendían la cosecha a un costo bajo al coyotaje[12], se tenían que guardar en trojas para el autoconsumo.

Pero esto sólo se podía guardar semillas, pues los productos perecederos

---

[12] Nombre que recibían los grupos de intermediarios que acaparaban el producto comprándolo a un costo bajísimo para venderlo a un mejor costo.

no eran factibles para almacenarlos en trojas rurales.

De cualquier manera, al final se perdían grandes cantidades de la producción.

El comportamiento climático también generó que el productor perdiera el control de los rendimientos reales.

Pues una sequía estacionaria bajaba los rendimientos y una inundación contribuía a la pérdida de un cultivo.

Lo que ocasionó el descontrol del abasto, la escasez o abundancia de los mercados dependían de los climas.

Si los rendimientos eran bajos únicamente cosechaba para autoconsumo, pero si los rendimientos aumentaban, entonces la única opción era el coyotaje, donde el productor en ocasiones sólo sacaba los gastos sin que le quedara ganancia, aun así estaba obligado a vender con la intención de recuperar, por lo menos su inversión.

Esa transacción representaba un escenario de perder-perder, pues la producción que le quedaba era guardada en pequeñas trojas[13] para conservarla durante todo un ciclo agrícola, situación que traía aparejado problemas de plagas, roedores y la humedad que al final; si no se extremaban cuidados, la cosecha se perdía.

Ya para finales de los 90's y principios del año 2000, el productor agotado de apostarle a estos cultivos, le apostó a otros que prometían mejores ganancias, pero enfrentó problemas más extremos, pues empezó a sembrar cultivos cíclicos como: el tomate, chile jalapeño y chile habanero, cultivos con buenos rendimientos y costos en el mercado.

---

[13] Pequeñas chozas construidas exclusivamente para guarda la cosecha de un producto y protegerla de las inclemencias del tiempo, se guardaban todo un ciclo agrícola y hasta un poco más.

Pero el establecimiento era y sigue siendo muy costoso, pero no sólo eso; los frutos son altamente perecederos y la plantación muy vulnerable.

Cabe señalar que dentro de las políticas económicas en México, en el sureste el establecimiento, mantenimiento y producción de los cultivos como: tomate, chile jalapeño y chile habanero, no son sujetos de apoyos económicos gubernamentales, por lo que los costos de establecerlo, mantenerlo y cosecharlo, son a costa del productor.

Pero sembrarlo en situaciones de temporal (con la esperanza de las lluvias) y a espeque (de forma manual), no es muy alentador.

Esas referencias aún se viven en muchas localidades, donde se pretende conservar la autonomía alimentaria con cultivos tradicionales de la región.

Pero para otros, la situación ha cambiado pues como lo señalan los agricultores "nadie trabaja nomás para dormir cansado"

Quizás todo ese cansancio de supervivencia en el campo, llevó a los productores a sembrar cultivos perennes o que tengan subsidios de gobierno.

Pero sobre todo con un mercado asegurado.

Algunos cultivos de ciclos largos aparecieron y pronto desaparecieron, otros se siguen conservando en campo abierto y de traspatio.

Por ejemplo; cítricos, papaya, mago, guanábana, palma de coco, palma aceitera, caña de azúcar, entre otros.

Y en un mejor escenario, algunos de ellos gozan de subsidio gubernamental para establecerlo y mantenerlo.

Entre los cuales se encuentra la palma africana de aceite, como una esperanza que ofreció dos cosas que vuelven irresistible un cultivo; muy buenos rendimientos y un mercado asegurado.

Además la fiebre desató dos fenómenos importantes; la primera es que un porcentaje del sector social le aportó al cultivo y sembró, y la segunda; es que se dieron en arrendamiento importantes extensiones de tierra para plantaciones comerciales nacionales y extranjeras.

En cualquier caso; el cultivo de palma africana de aceite, directa o indirectamente les generaría ingresos.

Los que optaron por el arrendamiento de sus tierras a inversionistas nacionales o extranjeros, aseguraba un ingreso seguro para sus familias, sin tener que arriesgar o tener pérdidas.

Los que decidieron producir, lo tuvieron que hacer bajo sus propios riesgos.

Pero valía la pena enfrentar los riesgos, si representa ingresos seguros, por lo menos los próximos 30 años, ya sea produciendo a menor escala o arrendando las tierras.

Hace dos décadas la palma africana no era representativa en los campos agrícolas del trópico húmedo, hoy es una realidad económica, se han establecido zonas palmeras en los Estados de Campeche, Chapias, Tabasco y Veracruz

Su establecimiento se encuentra en la cúspide, por eso es muy poca la plantación que está en producción, la euforia está en el establecimiento de pre-viveros, viveros y siembra de plantaciones.

La superficie plantada entre 1997 y 2016 no era representativa para considerarla dentro de los principales cultivos perennes agrícolas del sureste mexicano.

No así, a pesar de que los registros inician en Chiapas a finales de los 80´s, Veracruz y Campeche a finales de los 90´s y Tabasco en el 2003; entre el 2017 y 2018 se incrementó la superficie sembrada y en algunos Estados hasta en un 500%.

Comportamiento de palma africana de aceite en el trópico húmedo[14]

De 1980 a 1989

Estado	Superficie (ha) sembrada									
	1980	1981	1982	1983	1984	1985	1986	1987	1988	1989
Chiapas	0.00	0.00	0.00	568	943	1,368.00	1,318.00	1,318.00	1,280.00	1,965.00
Campeche	0.00	0.00	0.00	0.00	0.00	0.00	0.00	0.00	0.00	0.00
Tabasco	0.00	0.00	0.00	0.00	0.00	0.00	0.00	0.00	0.00	0.00
Veracruz	0.00	0.00	0.00	0.00	0.00	0.00	0.00	0.00	0.00	0.00
Total has.	0.00	0.00	0.00	568.00	943.00	1,368.00	1,318.00	1,318.00	1,280.00	1,965.00

De 1990 a 1999

Estado	Superficie (ha) sembrada									
	1990	1991	1992	1993	1994	1995	1996	1997	1998	1999
Chiapas	2,850.00	4,722.00	5,286.00	3,823.00	4,486.00	3,076.00	2,748.00	6,894.00	2,748.00	2,748.00
Campeche	0.00	0.00	0.00	0.00	0.00	0.00	0.00	0.00	2,893.00	2,893.00
Tabasco	0.00	0.00	0.00	0.00	0.00	0.00	0.00	0.00	0.00	0.00
Veracruz	0.00	0.00	0.00	0.00	0.00	0.00	0.00	0.00	2,337.00	0.00
Total has.	2,850.00	4,722.00	5,286.00	3,823.00	4,486.00	3,076.00	2,748.00	6,894.00	7,978.00	5,641.00

De 2000 a 2009

Estado	Superficie (ha) sembrada									
	2000	2001	2002	2003	2004	2005	2006	2007	2008	2009
Chiapas	13,861.00	13,982.00	17,159.70	16,793.20	16,608.00	16,760.50	16,789.00	17,032.00	19,290.05	22,701.77
Campeche	2,893.00	4,785.00	6,000.00	6,000.00	6,000.00	6,000.00	3,145.00	3,145.00	3,145.00	3,145.00
Tabasco	0.00	0.00	0.00	4,350.00	5,919.00	3,440.27	3,440.27	3,440.27	3,686.39	3,924.82
Veracruz	0.00	0.00	2,023.50	2,023.50	7,847.00	7,128.50	6,330.00	6,417.50	6,417.00	6,417.50
Total has.	16,754.00	18,767.00	25,183.20	29,166.70	36,374.00	33,329.27	29,704.27	30,034.77	32,538.44	36,189.09

De 2010 a 2018

Estado	Superficie (ha) sembrada								
	2010	2011	2012	2013	2014	2015	2016	2017	2018
Chiapas	33,500.48	38,525.00	46,406.17	48,684.67	43,205.67	43,468.17	43,443.70	44,464.95	45,426.23
Campeche	3,715.00	3,543.00	3,783.00	8,172.00	13,805.00	18,056.00	23,328.00	25,028.00	28,061.00
Tabasco	5,939.91	5,925.33	4,354.33	10,258.57	12,175.59	13,447.43	16,195.24	20,001.74	21,046.49
Veracruz	6,426.50	6,436.00	7,000.00	7,132.00	7,132.00	7,179.00	7,151.30	7,164.50	7,219.50
Total has.	49,581.89	54,429.33	61,543.50	74,247.24	76,318.26	82,150.60	90,118.24	96,659.19	101,753.22

Si bien tal como se muestra en los cuadros, la superficie es muy variable y cada año presenta cambios, es en la última década donde se observa un incremento mayor, incluso ya se rebasa las 100 mil hectáreas con palma aceitera. Para bien o para mal, cada vez cobran mayor relevancia en la economía de muchas familias.

---

[14] Secretaria de Agricultura y Desarrollo Rural, Servicio de Información Agroalimentaria y Pesquera. Véase el Anuario Estadístico Agrícola de la Secretaria de Agricultura en la liga: https://nube.siap.gob.mx/cierreagricola/

El trópico es una de las zonas más ricas en biodiversidad, debido al favorecimiento de los climas que preexisten.

No obstante de las 32 entidades federativas, en una franja minúscula que atraviesa por 9 Estados, tiene climas tropicales húmedos y subhúmedos, aunque unos más que otros.

Para la agricultura de temporal el clima tropical húmedo y subhúmedo, es muy prometedora debido a que reciben abundantes precipitaciones y suficiente luz solar durante el año.

Las zonas tropicales son ricas en suelos húmedos y con un grado importante de permeabilidad, los suelos tienen muy buena estructura física y químicamente bastante fértiles.

Aun así, los cambios climáticos han modificado los campos agrícolas donde se siembran tanto cultivos cíclicos como perennes, afectando importantes sectores económicos como los cañeros, palmeros, citricultor, manguero, cacaotero, cafetalero, arrocero, etc.

3.2.   La actividad agrícola en los Estados palmeros

Si bien el trópico húmedo alcanza una mayor extensión con climas tropicales y se registran en pequeñas franjas que atraviesan también por los Estados de Yucatán, Quintana Roo, Oaxaca, Puebla y Guerrero, sólo abordaré 4 Estados que han admitido a la palma como cultivo agrícola.

Independientemente de las circunstancias y la superficie que cada quien tiene en los campos, las razones para adoptarlo como un cultivo más, básicamente han sido las mismas.

Aunque es un cultivo muy reciente, se observa su incremento muy acelerado.

Pues la suma de la superficie sembrada en los 4 Estados, ya rebasa las cien mil hectáreas.

3.2.1. Campeche

El Estado de Campeche, ocupa el 2.93% de la extensión territorial de México, colinda al noreste con el Estado de Yucatán, al este con el Estado de Quintana Roo, al sureste con Belice, al sur con la República de Guatemala, al suroeste con el Estado de Tabasco y al oeste con el golfo de México.

Posee una gran diversidad de suelos, es por ello que se establecen diferentes cultivos dependiendo de la zonificación.

Al sureste del Estado, se encuentran importantes humedales, mares, ríos, lagunas, cenotes, todos interconectados y que representan una condición muy favorable para establecer diversos cultivos en condiciones de temporal.

Sus temperaturas oscilan entre 28 y 35 °C la mayor parte del año, lo que representa condiciones óptimas para establecer ciertos cultivos agrícolas tropicales.

Aunque en las últimas décadas, ha presentado cambios meteorológicos importantes, extremando sus climas entre abundantes precipitaciones y extensas sequías.

Incluso se ha salido del promedio, en algunos lugares se han registrado temperaturas arriba de los 45°C.

Dichas variaciones climáticas han afectado directamente la actividad agrícolas, impactando directamente en la economía de los productores que siembran para autoconsumo y para vender el excedente en mercados locales y regionales.

Además de los problemas que presenta debido a los cambios climáticos, tiene que enfrentar otros inconvenientes.

Y es que la inestabilidad de la producción de cultivos agrícolas, se debe al poco flujo de efectivo que existe en los campesinos, condición que determina la baja calidad en la producción.

Conjuntamente otro problema es la falta de mercados nacionales y la competitividad con mercados extranjeros que determinan los precios de mercado, pues bajo esas condiciones es difícil que se estabilice principalmente los cultivos cíclicos de la zona.

En este momento el productor, sobre todo social; se enfrenta con temas completamente desconocidos, por un lado el cambio climático y por otro lado; las teorías económicas.

Así entre la variación de los climas y la curva de la oferta y la demanda, se determina la situación de la producción y comercialización de sus productos.

Pero en la actividad agrícola nada está dicho, para muestra, cabe señalar que según reportes del SIAP[15] los cultivos perennes que se han registrado entre 1980 y 2018 han variado significativamente en superficie y variedad.

Por ejemplo en la década de los 80′s, se tenían registros de cultivos como: achiote, aguacate, anona, caimito, chirimoya, granada, guayaba, lima, plátano, entre otros; que en este momento ya no se siembran.

Por otro lado; cultivos que en la década de los 80′s no se veían en los campos campechanos y que ahora se siembran: neem, palma africana de aceite, pimienta, piña, caña, sábila, stevia, anona; entre otros.

---

[15] Ídem

Y por supuesto algunos cultivos que a lo largo de las décadas han disminuido o incrementado, incluso se han cambiado variedades.

Por lo que se observa que aun siendo cultivos de ciclo largo, son pocos los que se han mantenido intactos en los campos.

Además de estos, también se observan diversos cultivos de corta duración, mejor conocidos como cíclicos, los datos del SIAP señalan que el Estado es productor de importantes cultivos ciclos, con mayor representación se observa en los campos el maíz blanco y amarillo, arroz, frijol negro, chihua, chile jalapeño, sandia, sorgo.

Pero en estos cultivos no existe estacionalidad, pues de un año agrícola a otro, la producción, incluso; los cultivos que se siembran pueden variar significativamente.

Un ejemplo de ello es el arroz palay, en la década de los 80´s lideró los campos agrícolas campechanos, reconocido a nivel nacional como uno de los mayores productores, según reportes del SIAP cada ciclo agrícola se sembraba en promedio 58,415 hectáreas.

Pero la siembra disminuyó considerablemente, la última década se observó el derrumbamiento del cultivo y en el 2018 sólo se sembraron poco más de 16,000 hectáreas y con muy bajos rendimientos.

Así como el arroz, son muchos los cultivos cíclicos que se producían y que las nuevas generaciones han disminuido su siembra o sustituido por nuevos cultivos.

Las razones pueden ser diversas, pero la mayoría de las veces obedece a la disminución de rendimientos en la producción y la demanda de mayor inversión para un manejo controlado.

Además del aumento en el costo de los paquetes tecnológicos; las nuevas plagas, los cambios climáticos, la sequía estacionaria y abundantes precipitaciones, pueden ser un lastre.

Actualmente el arroz fue sustituido por el sorgo forrajero, por pastos perennes para la ganadería y en algunos casos se observan plantaciones muy recientes de palma africana de aceite.

Un cultivo que entró con todo, de hecho, en el año 1998 se introdujo la palma africana únicamente con 2,893.00 hectáreas, en el año 2018 se reportaron 28,061.00 hectáreas, es decir; en dos décadas se observan la siembra de palma 9.6 veces mayor a la superficie inicial.

3.2.2. Chiapas

El Estado de Chiapas, ocupa el 3.74% de la extensión territorial de México, colinda al norte con el Estado de Tabasco, al oeste con el Estado de Veracruz y el Estado de Oaxaca, al sur con el Océano Pacífico y al este con la República de Guatemala.

Las elevaciones del terreno chiapaneco van desde 0 hasta 4085 metros sobre el nivel del mar.[16]

Se disfruta una diversidad de climas, que si bien varía dependiendo de la región, oscila entre los -0 hasta los 40°C.

Tiene zonas donde llueve todo el año, otras zonas con lluvias abundantes en verano y otras donde las temperaturas son bajas, a menudo en algunas zonas se observaban heladas pero también olas de calor muy intensas.[17]

Posee una diversidad de suelos y relieves, donde se observan llanuras, cordilleras, colinas, así como un sinfín de cuerpos de agua como

---

[16] Centro Estatal de Información Estadística y Geográfica de Chiapas. Información Básica de Chiapas. Ed. 2018. Chiapas. 2018. pág. 10.

[17] Centro Estatal de Información Estadística y Geográfica de Chiapas. Información Básica de Chiapas. Ed. 2018. Chiapas. 2018. pág. 8.

cañones, ríos, lagos, cascadas, valles, cuencas hídricas.

Lo que hace de Chiapas un lugar muy atractivo para el turismo que disfruta de la observación paisajística.

Además de que ese dechado de posibilidades climáticas y abundantes recursos hídricos, hace del Estado un escenario prometedor para la agricultura.

Sus extensos humedales enamoran a la agricultura, tanto que ocupa los primeros lugares en la producción nacional de plátano, café, palma africana de aceite, papaya, etc.

Aunque también produce una extensa y variada gama de productos agrícolas tanto cíclicos como perennes.

Dentro de la producción agrícola del 2017, se registraron siembras de plátano, café, palma africana de aceite, papaya, col, cacahuate y mango, maíz grano, caña de azúcar, frijol, tomate, cacao, aguacate, ajonjolí, arroz, durazno, soya y papa.[18] También se cosecharon diversas hortalizas en menor superficie.

De hecho ocupa el primer lugar en producción de café, con 5 variedades y el café arábiga orgánico que se introduce en la última década.

Pero aun y con todas las bondades, no queda exenta de los cambios que se presentan y que van modificando el uso de los suelos y por ende los cambios de cultivos.

Chiapas ha modificado los cultivos, según datos SIAP[19], en la década de los 80's se sembraban cultivos que ahora ya no se producen, tales como el membrillo, lima, plátano morado y algunos que su producción ha

---

[18] Véase página oficial del Comité Estatal de Información Estadista y Geográfica de Chiapas.   consúltese   la   liga http://www.ceieg.chiapas.gob.mx/productos/files/BECH/Agricultura.pdf. 15-01-2019.
[19] Página oficial del SIAP. Véase liga https://nube.siap.gob.mx/cierreagricola/. Estado de Chiapas. Consultada el 20-12-2018.

disminuido notablemente, como el rambután, el zapote en sus 3 variedades, el coco, entre otras.

Y no es que el productor haya dejado de sembrar, lo que sucede es que a cambio se observan nuevos cultivos que en la década de los 80´s eran impensables para los productores chiapanecos, tal es el caso del cacao, caña de azúcar, mamey, marañón, pera, perón, piña, piñón, algunas variedades de plátano, palma africana de aceite, algunos cítricos, entre otros.

Además en uno de los pocos Estados que los últimos ha introducido la agricultura orgánica e diferentes cultivos y a nivel nacional.

Una variedad de cultivos perennes orgánicos, como cacao, café, limón agrio, mango, marañón, rambután, entre otros.

Así también cultivos cíclicos orgánicos como espinaca, chives, albahaca, hongo, chayote, apio, calabacita italiana, chile morrón, mejorana, arroz milagro filipino, cebollín, pepino, chile serrano, menta, fresa, berenjena, eneldo, ajo, tomate cherry, brócoli, orégano, romero, chile jalapeño, cilantro, col, salvia, ejote, tomate, jamaica, lechuga, tomate verde, tomillo, lechuga romana, soya, tomate bola, tomate saladette.

No cabe duda que sus condiciones lo convierten en un potencial importante para la actividad agrícola.

No le teme a aportarle a nuevos cultivos, como la palma de aceite que empezó a sembrarse en 1983 con una pequeña superficie de 568 hectáreas.

Superficie que con el paso de los años se incrementó, pues según reportes de la Secretaria de Agricultura en el año 2018, la superficie que se cultiva ha alcanzado 45,426.23 hectáreas, incluso es el Estado que más superficie de palma africana registró.

Y si bien en la década de los 80´s la superficie era menor, en los últimos años se ha incrementado y se espera que siga desarrollándose.

3.2.3. Tabasco

El Estado de Tabasco colinda al Norte con el Golfo de México; al Este con el Estado de Campeche; al Sur con el Estado de Chiapas y la República de Guatemala y al Oeste con el Estado de Veracruz, ocupa el 1.26% del territorio nacional.

Registra temperaturas bastante calurosas, la promedio es de 27°C, sin embargo se mueven entre una temperatura mínima de 17 a una máxima 36°C, claro que en algunas zonas o estaciones, estas temperaturas pueden variar, puede ser que desciendan o se incrementen.

Incluso en los últimos años se han presentado olas de calor que se registran muy por encima de las proyecciones climáticas.

Pese a las inclemencias de las temperaturas, es rico en humedales, y por ende; tiene una diversidad de suelos, lo que favorece una vegetación abundante y suelos óptimos para establecer actividades como la agricultura y la ganadería.

Los ríos, lagos, pantanos y la extensa vegetación, hacen propicio la vida silvestre, pero también son fascinantes para otras actividades.

En el trópico húmedo es uno de los Estados donde más precipitaciones se registran en el año, lo que puede ser beneficioso para ciertos cultivos, aunque para otros no tanto.

Las abundantes lluvias en suelos con capacidad de permeabilidad o drenado, benefician a los cultivos, pero en suelos inundables o poca filtración y elevación se convierten en un problema para ellos.

Por lo que el beneficio depende de las características de los terrenos y del cultivo que se pretende producir.

En estas condiciones, sembrar se convierte en todo un arte del conocimiento para saber qué, dónde y cuándo sembrar.

Aun así; el cambio climático es una realidad que ha venido a modificar el arte de sembrar y producir.

En Tabasco se produce una gran variedad de productos agrícolas tanto cíclicos como perennes y que cuenta con infraestructura para procesar e industrializarlos.

Aunque la inseguridad que enfrenta la agricultura debido al clima, también genera incertidumbre a la agroindustria.

Por ejemplo en los 80´s, no se observaban en los campos tabasqueños cultivos como el achiote, carambola, guanábana, guayaba, mamey, mandarina, algunas variedades de limón, mango, noni, palma de aceite, papaya, pitaya, algunas variedades de plátano, tamarindo, toronja, zapote.

La última década se ha disminuido al menos el 30% la siembra de cultivos como la copra, afectando a la agroindustria coprera.

En esta misma trayectoria viaja la actividad cacaotera, pues si bien se mantienen en los campos superficie en producción, va en descenso afectando la industria del cacao y la chocolatera que en los 80´s fue reconocida como la principal y más importante en el territorio nacional.

Aunque aún existe la chocolatera, su producción ha disminuido.

Ahora se asoman otros cultivos para posicionarse como un nuevo líder, la palma africana de aceite que en el 2018, sólo después del cacao y el café, fue el cultivo que más superficie se observó en los campos con

21,046.49[20] hectáreas.

Una superficie nada despreciable para un cultivo que se empezó a sembrar apenas en el año 2003 con una superficie de 4,350.00 hectáreas, 4.8 veces menor a la que ahora se reporta como sembrada.

3.2.4. Veracruz

El Estado de Veracruz ocupa el 3.66% de la extensión territorial de México, colinda al Norte con Tamaulipas; al Oeste con San Luis Potosí, Hidalgo y Puebla; al Sur con Oaxaca y Chiapas; al Sureste con Tabasco y al Este con el Golfo de México.

Tiene climas diversos pero el mayor porcentaje de su superficie presenta climas tropicales húmedos y subhúmedos.

Es decir, sus climas son cálidos, con veranos lluviosos e inviernos secos.

Registra una temperatura media anual de 23°C, entre una máxima promedio de 32°C y mínima promedio de 13°C, pero suele variar, es decir; se pueden registrar temperaturas mayores a los 32 y menores a los 13 °C.

La mayor precipitación se presenta en verano, a excepción de la franja que colinda con el Estado de Tabasco, donde se observan lluvias casi todo el año. En su territorio se observan planicies, colinas, estrechos y abundantes cuerpos de agua que permiten que la biodiversidad sea extensa. Además de que favorecen actividades como la agricultura.

---

[20] Secretaria de Agricultura y Desarrollo Rural, Servicio de Información Agroalimentaria y Pesquera. Véase el Anuario Estadístico Agrícola de la Secretaria de Agricultura reporte 2018; en la liga: https://nube.siap.gob.mx/cierreagricola/

Esto se debe a que sus climas cálidos húmedos y subhúmedos benefician el desarrollo de una gran variedad de cultivos agrícolas.

De hecho; de los Estados que hemos analizado en este capítulo, es el que más cultivos siembra.

Pero como todos los demás; a lo largo del tiempo, también ha presentado variaciones en los campos.

Por ejemplo; en la década de los 80´s, no existían cultivos perennes que ahora se observan, como el agave, carambola, higo, jaca, lima, lichi, macadamia, maguey, malanga, naranja agria, noni, nopalitos, palma africana, palma camedor, sábila, stevia, tuna, zarzamora, entre otros.

Después del Estado chiapaneco, es el segundo Estado con mayor producción de café.

Pero ocupa el primer lugar como el mayor productor de caña de azúcar.

También ha insertado nuevas variedades, de hecho en casi todos los cultivos tienen más de una variedad.

Claro que como todos los Estados, también ha enfrentado la inclemencia de los climas, repercutiéndole en sus rendimientos.

Ahora se enfoca en el desarrollo de nuevos cultivos que vayan acorde con las condiciones climáticas actuales.

Tal es el caso de la palma aceitera que según el SIAP a finales de la década de los 90´s, se establecieron las primeras 2,337.00 hectáreas, superficie que en la última década se incrementó a 7,219.50.

Y se espera que la superficie sembrada aumente.

3.3. Complicaciones en la agricultura

Los   principales   obstáculos   que   atraviesa   la   agricultura, independientemente de la situación geográfica; son las variaciones climáticas. Y para el productor que siembra cultivos cíclicos y perennes, en la modalidad de temporal, el panorama empeora.

Pues al depender completamente de las condiciones climáticas, muchas veces su esfuerzo no sirve de mucho.

A veces en un acto desesperado puede ceder y dejarlo todo, o probar suerte con otro cultivo.

Tiene dos enemigos potenciales que quiere vencer a toda costa, pero michas veces queda en el intento.

Puede ser que seleccione de manera adecuada los suelos con excelentes condiciones para la siembra, pero para alcanzar las ganancias, depende de los factores climáticos y la ley de la oferta y la demanda.

Ambos generan un panorama con alto grado de incertidumbre, que cada vez más debilitan a la agricultura.

Es una aventura donde el éxito o fracaso se separan por una la línea tan delgada entre los factores climáticos y la ley de la oferta y la demanda.

Y cualquier cambio no previsto puede representar una cuestión de perder-perder.

Otras complicaciones también acechan la actividad, como nuevas plagas y enfermedades, que generalmente cuando aparecen ya son resistentes a los controles fitosanitarios normalizados.

Lo que provoca que el productor se enfrente a lo desconocido y en aras de salvar la producción; hace sus propias fórmulas para atacarlas.

Ya sea que se introduzcan nuevas fórmulas químicas o nuevas cantidades para combatir lo desconocido.

En algunos casos puede dar resultado, pero en otros cultivos, sobre todo los de ciclo corto; puede ser contraproducente incluso para la salud humana.

Además la aparición de malezas resistentes a los químicos que se utilizan para su control, puede desfavorecer el crecimiento de los cultivos.

Sin contar que tanto las nuevas plagas y enfermedades como la maleza tercas; son costes que el productor no tiene contabilizado al momento de sembrar.

Lo que genera más inversión para salvar los cultivos y en algunos casos dependiendo de la gravedad del ataque, muchos no se salvan.

Además el empobrecimiento de los minerales naturales debido a la sobre explotación de los suelos, puede complicar producir, lo que puede ser necesario coadyuvar con fertilización química.

Lo que lleva a otro problema, sin un estudio adecuado se puede caer en exceso de fertilización, lo que puede salinizar los suelos.

La saturación de minerales destruye su estructura, afectando la producción o siembra de nuevos cultivos.

Y así se complica cada vez más producir en los campos cultivos agrícolas.

Los productores se encuentran entre los cambios climáticos, nuevas plagas, enfermedades, malezas resistentes, uso inadecuado de químicos, uso excesivo de fertilizantes y falta de recursos.

3.4.   Impactos de la agricultura

Hablar de "impactos" no es creer en alguna consecuencia mala, algo que ha dañado, que ha dejado una huella que lastima.

Y aunque hay algo de cierto, es pretencioso limitar el concepto exclusivamente a lo desagradable.

Si bien la actividad agrícola trae consigo impactos negativos, también tiene resultados muy buenas, sobre todo en la seguridad alimentaria del planeta.

No cabe duda que un tema nada despreciable para la humanidad, porque a no ser que se descubra otra forma de subsistencia, la agricultura representa la principal forma de alimentación.

Se puede decir que es la principal fuente de alimentación para los seres humanos y para sostener incluso otra de las actividades primarias como la ganadería.

También abastece de materia prima a una gran cantidad de agroindustrias.

Y a pesar de que en los últimos años, sobre todo en México; se ha disminuido, no se puede prescindir de ella, puesto que permite la producción de frutas, verduras, vegetales, hortalizas, leguminosas, cereales, semillas, etc.

Es decir; todo lo que existe en la mesa de cada individuo para alimentarse.

Sin embargo así como tiene bondades, también trae sus propios problemas, entonces la balanza se inclina algunas veces hacia los impactos positivos y otras hacia los impactos negativos.

Eso significa que así como tenemos claro que la agricultura mundial beneficia a la humanidad, también nos queda perfectamente claro que destruye importantes hábitats.

Se puede decir que esas "destrucciones" son un mal necesario para llevar acabo la actividad, pues la roza, tumba (deforestación) y las quemas (incendios) son prácticas agrícolas ancestrales muy comunes, pero en los últimos años se han convertido en verdaderas amenazas.

Incluso someten al medio ambiente y degradan los ecosistemas, pero no sólo eso; existe contaminación en la atmósfera por la falta de vegetación y la quema de la materia orgánica.

Además se usan químicos para combatir malezas, enfermedades plagas, insectos, déficit de nutrición, que amenazan a los cultivos, pero a su vez; contribuyen a la contaminación de los suelos y los mantos freáticos.

De seguir así, se pueden comprometer de manera irreversible muchos factores ambientales, de frenarlo; se puede complicar la seguridad alimentaria llevando al mundo a la hambruna.

Así es como el costo-beneficio de la agricultura a partir dos dimensiones desde un sentido estricto; se contraponen.

Pues si bien la agricultura tiene una influencia determinante en la seguridad alimentaria, en la economía y en la agroindustria, también lo tiene en el medio ambiente.

Comentaba en la obra "La Ética Ambiental, Una Esperanza para Proteger la Casa Común" que si bien dicha actividad ha sido el sustento principal de millones de personas que viven en las zonas rurales y que han subsistido a través de la siembra de granos básicos, también es la actividad que más ha impactado gravemente el agua, los suelos y los bosques.

La realidad es que el detrimento o la expansión de la agricultura, por donde se quiera ver; es un remedio que al final significa malestar para algo o alguien.

Por ello valdría la pena su atención con esmero, pero sobre todo con prontitud.

Pero en las últimas décadas lo único que se observa es una batalla campal entre economistas, capitalistas, ecologistas, agricultores, idealistas, la religión, el gobierno etc., cada uno defiende una postura.

Entonces el argumento se vuelve económico, político, social, ecológico, religioso, entre grupos.

Y en medio del debate constante, cualquiera que resulte ser la cuestión; tomará la delantera el que dé más razones inmediatas.

Lo único cierto es que el tema central se sigue maquillando para que no se observe el escenario del mundo.

Una realidad que resulta ser su peor paradoja, pues defender a capa y espada la actividad agrícola sobre la vida natural del planeta, resulta la crónica de una desaparición de la propia actividad.

Pero defender la vida natural cobre la seguridad alimentaria, eso no tiene razón ni sentido.

Quizás por lo que se debe empezar es por la defensa de ambas a ciencia pero sobre todo; a conciencia.

Ya lo creo que es el mejor método para lograr resultados en beneficio de la humanidad.

Entre tantas ideologías; el punto de acuerdo debe ser, encontrar el equilibrio entre la relación de la agricultura con el mundo natural,

No se trata de eliminar a una, se trata de respetar los procesos naturales al mismo tiempo que se garantiza la seguridad alimentaria del presente.

Porque es una incongruencia, defender la actividad agrícola del hoy a costa de una inestabilidad alimentaria del mañana.

Aun así el sujeto se aferra a garantizar la seguridad del hoy y desde ese escenario se insertan nuevos cultivos en áreas prácticamente vírgenes.

Tal como sucede en el trópico húmedo, donde se han visto el aparecimiento de nuevos cultivos.

CAPÍTULO IV. LA PALMA DE ACEITE EN AMÉRICA LATINA

Su origen se le atribuye al golfo de Guinea en África Occidental, de ahí su nombre científico *Elaeis guineensis*.

Aunque Malasia lo adoptó por primera como un cultivo agroindustrial en el año 1920.

Unas décadas después se introdujo en algunos países de América Latina con mayor o menor éxito.

Aun así, Malasia sigue siendo el mayor productor de palma aceitera.

> *Malasia es el líder mundial en la producción y la que más exporta aceite de palma, otros países también la producen, donde se ha introducido poco a poco, sobresaliendo cada vez más por la superficie establecida, los países de Costa Rica y Honduras, posteriormente en Ecuador, Guatemala, Venezuela, Perú y México; por ultimo Colombia que a pesar de ser de los últimos en adoptar la palma como una opción en la agricultura, se ha colocado como uno de los principales países del mundo con mayor producción.*[21]

La palma se introdujo como un cultivo que se favorece de los climas tropicales. Por eso; en pocas décadas se ha posicionado en países como México, Colombia, Brasil, Ecuador, Guatemala, Honduras, Nicaragua, Perú, Venezuela, Panamá, República Dominicana y Costa rica.

En la última década, su expansión en América Latina ha sido tal, que se han colocado a Colombia y Ecuador en los primeros lugares de producción.

Si bien la palma se empezó a introducir desde la década de los cuarenta, no se tiene contabilizada el área boscosa impactada por la implementación de dicho cultivo.

En el año 2014 se realizó un mapeo en las zonas con plantación en

---

[21] Universidad Juárez Autónoma de Tabasco, México. UJAT. 2002. p. 13.

Latinoamérica, uno de los objetivos era determinar el tipo de uso del suelo inmediatamente anterior a la conversión a palma de aceite. Las imágenes representan áreas de alta deforestación a causa de la expansión de la palma de aceite. (Furumo, P. R., & Mitchell, T. 2017.).

Cada lugar es diferente, incluso de una franja a otra se pueden observar diferencias geológicas y climáticas importantes.

Los Países involucrados tienen sus propias características para ofrecer al cultivo, pero tienen algo en común, en los últimos años han presentado el fenómeno de deforestación para expandir los campos agrícolas con más palma aceitera.

Cada uno ha enfrentado escenarios legales, sociales, políticos, agrícolas, ambientales, laborales diferentes.

Supongo que como yo antes de iniciar esta investigación; muchos se han preguntado que tiene este cultivo de interesante y novedoso que los demás cultivos no.

Cuál es la realidad de los impactos, porque algunos hablan muy bien, pero otros muy mal del cultivo.

La situación es que es muy demandado en la agroindustria, pues se utiliza como materia prima para elaborar un sinfín de productos consumibles y no consumibles; que están en casa y de consumo muy habitual.

Así que se ha vuelto muy apreciado por la industria, de ahí su popularidad.

Pero el agricultor también tiene su predilección por el cultivo, pues ofrece rendimientos irresistibles y, comparados con otras oleaginosas; es más barato producir palma.

Pero su establecimiento necesariamente se auxilia de prácticas no muy amigables con el medio ambiente.

Aunque la promesa fue que su establecimiento se haría en las áreas agropecuarias abandonadas o que ya no eran rentables para el productor. Existen evidencias del incremento de la tala de áreas boscosas para establecer nuevas plantaciones.

Todo con repercusiones al medio natural y social.

Ya que el cultivo se ha abordado desde un enfoque económico, por eso se habla muy poco desde su relación con el medio ambiente.

Y conocer su interacción con el medio ambiente es tan relevante como conocer los rendimientos económicos, considerando que en las últimas décadas se ha incrementado su siembra, no sólo modificando cultivos sino que además, y creo que el más importante; se ha modificado el uso de suelo de grandes superficies.

Lo que ha colocado al cultivo entre dos verdades que se contraponen, el problema es evidente pues todos demuestran tener la razón.

La situación se complica cuando se habla de sustentabilidad, pues ello obliga a que la viabilidad económica-ambiental del cultivo provenga de la observación de los diferentes panoramas y no sólo de un análisis económico.

Pues bajo el enfoque económico sólo se resaltan las bondades del cultivo y se minimizan las debilidades y amenazas en relación con el medio ambiente.

Es necesario analizar los impactos, máxime que la superficie sembrada sigue incrementando.

La mayor superficie se encuentra en manos de inversiones privadas y extranjeras, incluso en terrenos arrendados.

Lo que conlleva a otro problema legal-económico, pues el proceso de arrendamiento se lleva a cabo en medio de un vacío de desconocimiento del comportamiento ambiental del cultivo.

Por ello, se debe analizar la situación de las tierras desde el ámbito, económico, social, legal, ambiental, sobre todo; las ejidales y comunales.

Porque resulta que se trata de un cultivo longevo, que después de su edad óptima productiva, los suelos pueden quedar sin posibilidad de producción.

O para que el campesino pueda reactivarlas, deberá invertir recursos que incluso le pueden resultar impagables.

Si bien es cierto que bajo un enfoque meramente económico, la inversión extranjera puede representar generación de empleos, esos beneficios pueden ser menores a los costos.

Por ejemplo; en México la inversión privada, sobre todo extranjera; genera empleos pero se tienen referencias que la mayoría de los jornaleros contratados son traídos de Guatemala.

Lo que significa que para México, la generación de empleos es mínima, de hecho las plantaciones extranjeras no le representan economías directas, puesto que el fruto es procesado para abastecer de oleaginosas a sus Países.

Pero independientemente de los impactos sociales y ambientales, existen otros factores técnicos que también deben atenderse, pues como cualquier cultivo puede presentar dificultades.

Ya que si bien es cierto que; es un cultivo agrícola de ciclo largo que posee ventajas representativas para los inversionistas y empresarios, también es cierto que tiene desventajas que afectan mayormente a los pequeños agricultores.

Según los criterios técnicos la palma, en la modalidad de temporal es capaz de alcanzar muy buenos rendimientos en la producción y por ende económicos.

Ni que decir los rendimientos que promete bajo un sistema tecnificado de riego.

Aunque como veremos más adelante, requiere de espacios de labranza muy extensos, donde prácticamente demanda terrenos descampados para establecerlos.

Además su crecimiento, desarrollo y sustento, demanda el uso de grandes cantidades de agroquímicos para control fitosanitario y nutrición vegetal.

Por ello establecerlo puede significar por un lado; el alcance de grandes beneficios económicos, pero por otro lado; el descampamiento de grandes extensiones de terreno, incluso si son ganaderas.

Aunque casi todos los países de américa latina han coincidido que, como políticas verdes, la siembra se debe realizar preponderantemente en terrenos ganaderos subutilizados o en las áreas agrícolas ya establecidas.

Pues se ha reconocido que si la plantación se establece en áreas de mediana o alta boscosidad, se afectaran ciertas condiciones del ambiente.

Pero en las zonas tropicales, las olas intensas de calor requieren de ciertas prácticas ganaderas, por lo que se acostumbran los sombreadores naturales para ganado, es decir; en las praderas inducidas y naturales, se dejan árboles o ciertos montículos con vegetación nativa para que el ganado sombree.

Y en la siembra de palma, no es posible respetar esos sembraderos, pues afecta la logística del laboreo.

Así que es más que obvio que toda esa vegetación fue talada.

No hay duda en que el cultivo tiene sus bonanzas, pero desafortunadamente ha demostrado tener muchos tropiezos.

4.1.   Inconvenientes del cultivo en América Latina

La palma ha tenido un buen recibimiento en la agroindustria, pero también inconvenientes que la has estigmatizado.

No hay duda de que el cultivo en américa latina inició con buenas intenciones. Pero el efecto que ha tenido desde otras perspectivas no ha sido el mejor.

Claro que cada país enfrenta sus propios padecimientos.

Por lo que se habla del mismo cultivo, con las mismas pretensiones económicas, pero en escenarios muy diferentes. Los panoramas mediáticos muestran realidades opuestas, por un lado; los beneficios irrechazables de un cultivo venerado en el mundo.

Mientras que por otro lado; se responsabiliza al cultivo por el ocaso de otros escenarios.

Las dos verdades se observan en la radio, televisión, redes sociales, en los discursos de políticos, ambientalistas, economistas, productores, artículos científicos.

Pero es el sentir social el que muy pocas veces tiene oportunidad en el negocio de los discursos. Pese a las buenas intenciones del cultivo, existen muchos malestares que ha traído la palma y aunque por el momento puede carecer de comprobación científica, se observa una realidad muy parecida en todas las zonas palmeras, lo que bajo el principio de prevención; son hechos probables que deben ser escuchados.

El argumento es simple, se busca un cultivo sustentable, pero pocos se dice que la sustentabilidad va más allá de ser amigable con el mundo natural.

Cada actividad debe ser amigable pero con el mundo integral, pues ninguna actividad puede ir a costa del malestar de nada ni de nadie.

En ese sentido; el tema parece tener importancia, dado que absolutamente ningún cultivo puede ser sostenible bajo enfoques de opresión y violación a derechos humanos.

4.1.1. Colombia

A finales de la década de los 50´s se inicia un proyecto de estudio de viabilidad para establecer el cultivo de palma de aceite.

No fue sino hasta el año 1960 que se inicia un proyecto ambicioso para sembrar esa oleaginosa.

En muy poco tiempo se colocó como líder en la producción de palma en américa latina, incluso lo ha bautizado como "el cultivo redentor" que viene a salvarlos de los cultivos ilícitos.

Pero no ha estado exenta de problemas sociales, sanitarios, ambientales y políticos.

Cada escenario con posturas diferentes que ponen en peligro muchos escenarios que están en juego.

El biodiesel es el principal mercado para el aceite de palma colombiano, un porcentaje alto de la producción se destina para ello.

Tiene muy buena producción con rendimientos muy buenos y trata de mejorar las prácticas para mejores resultados.

Sin embargo; se estima que en las últimas cinco décadas se han perdido alrededor de 100.000 hectáreas de palma a causa de la enfermedad pudrición del cogollo. (Fedepalma 2013).

Además los escenarios sociales han representado un problema para los palmicultores, donde se han gastado horas de debates con pocos resultados.

A la explosión del cultivo se le atribuye muchas irregularidades legales, culturales, sociales y ambientales, que verdades o mentiras; el tema está sobre la mesa.

Lo cierto es que la falta de alternativas de solución, ha generado un problema no sólo al cultivo, sino que también a la sociedad, la biodiversidad y los ecosistemas.

Existen localidades en las que la plantación va en decremento, y todo por problemas; particularmente de sanidad, ambientales y sociales.

De hecho las asociaciones ambientalistas consideran que el cultivo no es sustentable y que la historia lo ha dejado saber.

Consideran que siempre fue así hasta que el tiempo no lo ocultó más, se le ha colgado el lema de que "De eso tan bueno no dan tanto" aunque los discursos digan lo contrario.

En el 2018 un periódico ambiental divulgó que el cultivo se estableció con promesas exorbitantes en cuanto a las ganancias económicas, el boom fue tal; que cientos de productores de otros cultivos, se decidieron por la palma, pero se acabó la bonanza; cuando entre 2006 y 2007 la enfermedad de producción del cogollo devastó los palmares afectando incluso otros cultivos. (Lizcano 2018)

Otro de los problemas ha sido los conflictos y luchas por las tierras para sembrar palma.

Así mismo denuncias por la vinculación a grupos paramilitares que hacen uso de la violencia para el despojo de tierras (Rey, 2013).

El movimiento mundial por los bosques tropicales, hace importantes delaciones contra el Estado Colombiano, tiene una política antisindical en plantaciones de palma, el proyecto de plantaciones de palma pone en peligro biodiversidad del Chocó, lo forestal lo ha convertido en negocio, la expansión del cultivo está en un marco de violación de los derechos humanos, la usurpación de tierras comunales para la siembra.[22]

Además de la usurpación de tierras, se presume que el uso de tóxicos afecta no sólo a la biodiversidad sino que además a la salud humana.

Los problemas que ha enfrentado, ponen en peligro la subsistencia del cultivo, la soberanía alimentaria, la situación legal de las tierras, ecosistemas importantes, la salud de muchas localidades.

Bajo este esquema, no es que tenga alguna posibilidad de ser sostenible.

Es necesario replantearse el concepto de sostenibilidad, con que se dice; se está llevando a cabo en las plantaciones.

4.1.2. Ecuador

Los antecedentes de las primeras plantaciones datan de 1960, la fiebre fue tal que se expandió muy rápido.

El proceso de expansión se debe a las políticas ligadas a incentivos para la producción de biocombustibles.

De hecho es una obligatoriedad el uso de biodiesel en todo el territorio.

En el 2012 Ecuador declaró a través del Decreto Ejecutivo No. 1303, el desarrollo de biocombustibles de interés nacional, como medio para impulsar el fomento a la agrícola.

Sin embargo el decreto ha sido tildado de sensacionalista favoreciendo la agroindustria para beneficiar a empresarios y negocios.

Además; se exhibe que en el Ecuador las empresas palmeras tienen el

---

[22] Movimiento Mundial para los Bosques Tropicales. Palma aceitera, de la cosmética al biodiesel, la colonización continúa. 2006.

control concentrado de toda la cadena, producen, procesan, trasforman y comercializan.

Sólo una parte muy pequeña son campesinos, y por ello; son dependientes de los precios, incluso de insumos de las grandes cadenas de producción.

La fiebre de la palma se estableció por las promesas de los rendimientos, principalmente porque se ofreció a los campesinos un cambio de vida económica.

El problema que ahora presenta el sector social, es de bajo rendimiento, así que la mejora de vida que se prometió, ha quedado en el ensueño.

Otro fenómeno que se observa es la contaminación de los ríos por las extractoras que no han tenido un manejo adecuados de sus residuos.

El daño ocasionado a los ríos con exceso de aceite, ha provocado muerte de las especies acuáticas y la contaminación de las que sobreviven.

La tala de los árboles que se encuentran a la orilla del río, ha provocado inundaciones en las localidades.

Los lugareños no quieren el cultivo en sus campos, ya que consideran que no es nativo y es altamente demandante de los nutrientes del suelo y recursos hídricos, además de que el manejo con químicos contamina todo lo que encuentra a su paso.

La tenencia de la tierra es poco clara, debido a la superposición de títulos de propiedad, incluso se quejan de que se ha abusado de esa ambigüedad desfavoreciendo a los más desprotegidos.

Los campesinos se quejan que son explotados por las grandes empresas, bloquean carreteras para presionar a los lugareños a la venta de sus terrenos.

Se han detonado enfrentamientos sociales, donde claramente el Estado favorece a empresarios. (Brown 2018)

Además la afectación de la actividad apícola por la modificación del hábitat y el uso de aero fumigaciones con químicos.

Se trabaja en condiciones insalubres sin protección adecuada para usar los químicos.

El apoderamiento de las tierras de los campesinos, ha provocado más pobreza, inmigración de las localidades a la ciudad. *Ídem*

La producción no favorece a la zona, puesto que es recurso de grandes capitalistas nacionales y extranjeros.

Por el contrario afecta la soberanía alimentaria, por la pérdida de cultivos tradicionales que han puesto en riesgo la producción de cultivos de autoconsumo.

Las políticas públicas tienen un fuerte impulso al monocultivo palmícola, lo que no favorece a los pequeños productores que quieren establecer agricultura familiar.

Además existe dispersión de campesinos, perdiendo la poca posibilidad de apoyo y respuesta de las autoridades.

Los lemas que recibe el monopolio de la palma "Es pan para hoy y hambre para mañana" "la palma sólo es un paquetazo agrario"

De una manera u otra, esta serie de conflictos, que desde luego son muy debatibles, pueden ser un detonante para que la agroindustria palmera colapse.

Pero los daños colaterales pueden ser mayores, pues con ella; se pueden ver caer otros escenarios que no se esperan.

De hecho, el asunto ha llegado a las cortes ecuatorianas, según considerado como el primer caso en el mundo donde se ha considerado a la naturaleza como sujeta de derechos y como tal se presenta ante la corte. En el año 2010 se demanda la violación de una serie de derechos por parte de unas empresas palmeras. Básicamente se reclama:

Que las compañías de palma aceitera suspendan sus prácticas dañinas que han llevado a estas consecuencias: deforestación masiva de la selva tropical, pérdida importante de biodiversidad, contaminación excesiva de los ríos y, posteriormente, el grave deterioro de la salud y de la soberanía alimentaria de nuestro pueblo. Solicitamos que las compañías de palma aceitera reparen el daño y respeten a todos los seres que habitan la Naturaleza: personas, seres espirituales, ríos, bosques, manglares y especies distintas de árboles, plantas medicinales y alimenticias, mamíferos, anfibios, aves e invertebrados.[23]

Nueve años después, la corte ordenó a las empresas palmeras demandadas a reparar las fuentes de agua afectadas.

Si bien es un buen comienzo de la justicia ambiental y del reconocimiento de los derechos de la humanidad, ecológicos, ambientales o como se quiera ver; la condena refuerza lo que no se quiere mostrar a la luz, el cultivo está causando estragos ambientales en muchas partes donde se produce.

Y entre tanta incertidumbre, es evidente que las condiciones deben mejorar para alcanzar la sustentabilidad del cultivo.

4.1.3. Honduras

La fiebre de la palma también llegó a Honduras básicamente con los mismos problemas que se están presentando en otras zonas palmeras.

El auge del establecimiento y producción se mantiene en medio de dificultades políticas, sociales, ambientales, económicas, etc. Pero con todas y las bonanzas anunciadas, el cultivo se considera como la peor crisis agraria y alimentaria.

---

[23] Consúltese página oficial de la red ambiental indígena, véase la liga: https://www.ienearth.org/support-la-chiquita-and-guadualito-ancestral-communities-and-nature/. 6 de junio de 2019.

Ya que se asegura que la palma llegó a desplazar cultivos tradicionales y de sustento de los campesinos. Circulan imágenes en las redes sociales donde se observa a la sociedad sollozante de la represión y criminalización de la que son objeto los campesinos que no quieren vender sus tierras o quieren recuperarlas.

En las marchas de campesinos y sociedad en general; protestan por los problemas de deforestación que se ha presentado por el cultivo, pero también por otros conflictos sociales como la explotación laboral.

Se quejan del acaparamiento de los territorios por los grandes inversionistas para la siembra de palma. Pues la mayoría de la superficie sembrada está en manos de los empresarios, dicen que "El cultivo es bueno para los empresarios, malo para los campesinos"

Su tendencia a la expansión amenaza a que la crisis alimentaria empeore.

A pesar de estar fragmentado básicamente por problemas sociales y ambientales, el cultivo avanza como una llovizna que penetra incesante en los campos hondureños.

Y pareciera no haber retorno, pues las políticas económicas defienden a capa y espada el tercer lugar que ocupan en américa latina como productores y exportadores.

A pesar de que es señalado como un cultivo inconstitucional, puesto que el artículo 347 menciona que "La producción agropecuaria deber orientarse preferentemente a la satisfacción de las necesidades alimentarias de la población hondureña, dentro de una política de abastecimiento adecuado y precios justos para el productor y el consumidor.

Pero el monocultivo palmícola no produce alimentos de primera necesidad para la población, sino abastece de materia prima para el aceite vegetal y en su mayoría para agro combustible.

Lo que les lleva a pesar, como puede ser bueno, si "El cultivo mueve los carros a costa del estómago de los pobres"

Juan Almendares, defensor de la tierra en Honduras, señaló que lo único que trae el cultivo, es "violencia y enfermedades que causan desnutrición, proliferación de enfermedades tropicales graves como el dengue, estrés, terror y tortura que sufre la población sobre todo mujeres y los infantes, así como los crímenes ecológicos y eco tóxicos"

Además la falta de conocimiento de las prácticas adecuadas, impide que se combata de forma eficiente las plagas.

Se ha enfrentado la pérdida de palmares a consecuencia de las plagas y enfermedades, pues no tienen capacidad económica y técnica para atender. *Ídem*

Las prácticas inadecuadas en las cosechas y podas, provocan heridas profundas lo que influye en la aparición de plagas.

Las palmas muy contaminadas deben ser eliminadas.

Al final, las plantaciones desaparecen tan vertiginosamente como aparecieron, pero dejando sus recuerdos a la sociedad. *Ídem*

Si se sigue así, en poco tiempo será imposible contrarrestar los daños causados a todos los entes involucrados.

Bajo ese enfoque; habrá que replantearse si bajo estas condiciones los palmares hondureños, son sostenibles para las generaciones presentes y futuras.

4.1.4. Guatemala

La palma de aceite también es una realidad en los campos agrícolas guatemaltecos, pero está en medio de una encrucijada donde busca salir avante.

Ante la vista de muchos, el cultivo es el causante de un sinnúmero de problemas sociales, políticos, ambientales, económicos y hasta de falta de alimentos en la zona.

Se ha convertido en el gran dilema ambiental al afectar y deforestar importantes áreas boscosas para establecerlos.

El conflicto va más allá de un tema ecológico, pues se señala al cultivo como el responsable de amenazar la autonomía alimentaria.

Al disminuirse la siembra de cultivos para el autoconsumo se ha incrementa la incertidumbre alimentaria de campesinos e indígenas.

Además de que el proceso de establecimiento ha generado problemas sociales, como lo señala (Rey, 2013) se observa la vinculación a grupos paramilitares que hacen uso de la violencia para el despojo de tierras.

El despojo y la presión para la venta de las tierras, ha llevado a una crisis social que parece no tener final.

Si bien algunos pequeños productores se han decidido por el cultivo, se han visto en aprietos por los costos que demanda la palma y la falta de apoyo gubernamental

Se señalan a las políticas gubernamentales como favoritistas a los grandes empresarios para adquirir terrenos lucrativos a precios regalados.

Existe un profundo sentir de que la monopolización del cultivo ha afectado a varias localidades en la producción de alimentos y sus ecosistemas.

En un artículo publicado por el Movimiento Mundial por los Bosques

Tropicales[24], se señala que la palma es causante de la pérdida de tierras para la agricultura, compras forzadas de tierras, desplazamientos y migraciones forzadas las cuales llegan hacia las áreas protegidas, (…) A esto se suma el uso abusivo de las fuentes de agua, la competencia por el agua entre las grandes extensiones de palma africana y caña de azúcar con las comunidades rurales.

Se muestra también la perdida de cultura ancestral al desaparecer las tradiciones agrícolas de los indígenas que aún permanecen en las zonas de incidencia palmícola.

Los campesinos que se resisten a la nueva opción agrícola, se enfrentan a problemas sociales.

Además se talaron árboles que se encontraban al margen de los ríos, y ahora se generan inundaciones afectando aldeas cercanas.

La contaminación de los ríos por el uso de químicos que ha provocado la muerte de los peces; y aunque puede derivarse de otras actividades, los lugareños señalan que antes de la palma no se veían esos desastres.

Existe la manipulación de las corrientes naturales de agua, al construir canales para desviar agua hacia los palmares.

Se ha expuesto las áreas naturales protegidas así como el aceleramiento del declive de especies en peligro extinción.

Según la comisión de derechos humanos[25], hay un índice alto de actos de criminalización de los que opongan resistencia ante la Palma Africana/Defensa de la tierra, territorio y Recursos naturales.

---

[24] Movimiento Mundial por los Bosques Tropicales, boletín 142. Publicado el 30 de mayo del 2019. Véase la liga: https://wrm.org.uy/fr/les-articles-du-bulletin-wrm/section2/guatemala-impactos-ecologicos-y-sociales-de-las-plantaciones-de-palma-africana/
[25] Claudia Samayoa y Jorge Santos. Unidad de Protección a Defensoras y Defensoras de Derechos Humanos de Guatemala. 2017.

La investigadora Sara Mingorría, señala que el cultivo es conocido como "desiertos verdes" porque no permite el crecimiento de vegetación a su alrededor.

Si bien es cierto, el fenómeno no es atribuible al cultivo, más que eso; el productor no permite el crecimiento de otra vegetación, pues incrementa los costos de manejo.

De la forma que sea, se pueden ver como desiertos verdes, ya que no se ve más que palma en los suelos y al final de su edad productiva, los suelos son descampados.

Es evidente que el cultivo genera malestar tanto para los que están a favor como para los que están en contra, pues los efectos involucran a toda la sociedad.

Y en medio de tanto disgusto, no es posible sostener el cultivo en el tiempo, se necesita un poco de colaboración de todos los entes involucrados para buscar puntos de acuerdo y lograr soluciones.

4.1.5. Brasil

La agroindustria aceitera inicia en la década de los 70´s, casi como en todos los casos; inicia con unos cuantos pequeños productores lugareños.

Pero en la década de los 90, se vio la expansión acelerada por grandes inversionistas nacionales e internacionales.

Aunque pareciera que es uno de los pocos países que no le atribuye el fenómeno de deforestación y esto se debe a que Brasil ha alcanzado niveles muy altos de deforestación por otras actividades, así que existe suficiente terreno deforestado para sembrar palma.

Pues según el Instituto Nacional de Investigación Espacial de Brasil, el fenómeno empieza desde 1988 teniendo dos picos elevados en los años 1995 y 2004.

Pero los motivos se le atribuyen a actividades agropecuarias, básicamente al cultivo de soja y a la actividad ganadera.

Si bien la deforestación sigue creciendo, parecieran otros motivos distintos a la siembra de palma.

Según los antecedentes históricos sobre el conflicto de la propiedad agraria, uno de sus impactos es la tala de una parte de la amazonia, lo que ha dejado suficiente terreno disponible para la palma.

Aunque la legalidad de la ocupación es muy debatida.

Pero como todos los países que siembran palma; sus motivaciones principales son económicas y la demanda mundial que tiene la oleaginosa.

Pero no es inmune a los problemas, también se enfrenta a diversos escenarios que le toca desafiar para lograr producir.

Entre estigmas o no; dicen los brasileños "Milagro en el desarrollo o desastre ambiental" ya existe una gran extensión de tierras con el cultivo establecido.

En Brasil como en varios países, la mayor superficie se encuentra en manos de grandes inversionistas.

Producen en grandes superficies y además acaparan los frutos de los pequeños productores.

La expansión de la palma va muy acelerada incrementando el cultivo en los campos.

Aunque tienen su propia legislación para vigilar que no se deforeste, la realidad es que ocupa una parte minúscula del área que ya se encuentra deforestada.

En un informe del Centro para la Investigación Forestal Internacional, Frederico Brandão y George Schoneveld, señalan que, aunque Brasil produce sólo una fracción del total mundial, ofrece importantes lecciones para otros países que se esfuerzan por mantener el aceite de palma sostenible.

También señala que el cultivo tiene impactos adversos, como contaminación de ríos que ya se han registrado, conflictos por la tierra, los costos de mano de obra y de transporte son más altos que cualquier País que cultiva palma.

Tanto que los costos pueden ser los motivos por el cual se está mermando la superficie, lo que impacta en la sociedad, pues se ha registrado la pérdida de desempleo por el decrecimiento del sector.

A pesar de esmerarse para producir una palma sustentable, el futuro a largo plazo es incierto.

Nada está dicho respeto al comportamiento del cultivo en dos décadas, lo cierto es que son demasiadas las desavenencias y de seguir así; no habrá futuro que contar.

4.1.6.   Costa Rica

En la década de los 40´s, empezaron a sembrase las primeras pequeñas plantaciones de palma, también con el plan de recuperar los suelos agrícolas abandonados. Aunque empezó pronto, su incrementó se ha mantenido limitado. Y conforme se conoció la bondad económica del cultivo, las expectativas cambiaron.

Además de que vio en el cultivo la posibilidad de recuperar terrenos con cultivos ilícitos, lo que sin duda influyó en la seguridad jurídica de la sociedad.

Como consecuencia de ello; ofreció alternativas de empelo lícitas.

Pero sus bondades no han encubierto los inconvenientes que el cultivo arrastra ante los ojos de los propios productores.

Aunque los que confiaron en él, lamentan el abandono de la siembra de otros cultivos y de las actividades ganaderas para privilegiar la palma, ahora no son más que añoranzas de algunos palmeros.

Otro fenómeno que vino a complicarlo todo, es el endeudamiento con créditos para establecer la palma.

Sobre todo después de que las plantaciones se han visto afectadas por la presencia de enfermedades y plagas que ha provocado bajos rendimientos y el desánimo de los productores.

Otro fenómeno a desafiar es el cambio climático, pues el aumento de la temperatura ha afectado a la plantación.

Al mismo tiempo, se ha observado el desplome de los precios, mermando las proyecciones económicas.

Los suelos afectados por la pérdida de nutrientes, que incluso se han asociado con el manejo inadecuado de cultivos anteriores, y pocos recursos para atenderlos adecuadamente.

Todo eso ha llevado al productor a un círculo de donde no puede salir.

Quizás sea uno de los principales motivos de los aprietos por lo que atraviesa el cultivo, y que cada vez más se observe su decadencia.

Desde el 2013 hasta la fecha el cultivo tiene un inquilino que parece estar muy cómodo en las plantaciones.

En el año 2018 MONGABAY publicó un artículo que la crisis de la palma se vio afectada por el síndrome de la flecha seca que mermó la productividad, pues le quita energía a la planta así como cantidad de hojas. Eso afecta el tamaño de los racimos e incluso pudre la fruta, el problema, poco a poco, se va extendiendo por toda la plantación, ese ciclo dura alrededor de cuatro años y afecta tanto a palmas de vivero como a las plantas adultas, las palmas más jóvenes son más sensibles.[26]

Según los expertos el problema se origina en la raíz, como respuesta a las condiciones de salud del suelo. Entre el colapso de las raíces y la aparición de síntomas observables pueden pasar entre 7 y 9 meses. *Ídem*

Otros problemas con el que batallan los palmeros, son la falta de conocimientos técnicos y los recursos para la atención adecuada.

Y de sobra lo saben, pues viven en carne propia que un mal manejo puede llevar al colapso a los suelos y la pérdida de la plantación, pero es lo que hay, y sin recursos; tampoco es que tengan tantas opciones.

Parece que las bonanzas no les acompañan más, los tiempos de oro del cultivo quedaron en los ensueños.

A pesar de la experiencia con el fracaso del cultivo; costa rica es uno de los países que está sembrado palma en grandes cantidades pero en otros países.

Bajo las experiencias del pasado, no necesita esperar el futuro para determinar la suerte del cultivo, lo cierto es que no se ha podido sostener ni a mediano plazo.

4.1.7. Perú

La superficie sembrada está muy por debajo de los otros Países.

Sin embargo, es muy posible que el incremento se detone de un momento a otro, máxime cuando el cultivo se ha declaro de interés

---

[26] https://es.mongabay.com/2018/11/palma-de-aceite-crisis-productores-costa-rica/

nacional.

A pesar de tener poca plantación, el movimiento mundial por los bosques tropicales, ha señalado que se ha establecido a costa de una serie de impactos ambientales.

Perú registró la tasa más alta de deforestación para la producción de aceite de palma. Esto es particularmente preocupante en la región de Loreto, donde el 85 por ciento de las plantaciones de palma fueron cultivadas donde antes había bosque tropical. Estos datos, junto a las muchas denuncias realizadas por pueblos y comunidades que están siendo afectadas por esta industria, convierten al monocultivo de palma en una nueva amenaza emergente para la Amazonía peruana.[27]

Además de la gran promoción para la expansión del cultivo, como una opción económica muy atractiva.

Pero los impactos que genera la usurpación de tierra y luego la deforestación, son de imposible reparación.

Además de que se señala al cultivo como responsable de la afectación de territorios indígenas y sus costumbres ancestrales.

Otro problema que se está dando en Perú, y por cierto complicado; incluso prohibido en otros países, es la Aero fumigación con pesticidas, ya que vulnera la salud humana y la biodiversidad.

Por otro lado, la seguridad alimentaria se ve amenazada debido a la contaminación de cuerpos de agua que ha provocado la muerte de peces.

Además de la pérdida de ecosistemas por la destrucción de los bosques, se ha causado daño a la flora y la fauna, que ahora debe emigrar a otras zonas propicias para vivir.

Las debilidades que se observan del cultivo, disminuye también la calidad de vida de los pueblos y sus habitantes.

---

[27] Movimiento Mundial por los Bosques Tropicales, boletín 239. Publicado el 28 de septiembre de 2018.

De ese modo, a costos sociales y ambientales no existe posibilidad de que el cultivo pueda ser sostenible.

4.1.8.   México

Sus antecedentes datan desde 1948, cuando un pequeño grupo de productores establecieron las primeras plantaciones de palma.

A principios de la década de los 90`s, la superficie sembrada, tuvo un incremento.

En 1996, el gobierno mexicano diseñó un programa de plantaciones para la región Sur y Sureste del país, lo que generó que la superficie aumentara en los campos.

Sin embargo, hasta el año 2010 el gobierno mexicano anuncia, que salvaguardando los bosques y evitando la deforestación; la palma se deberá sembrar en pastizales que ya no se ocupan para el pastoreo.

En el año 2016 el gobierno anunció la siembra de 100 000 hectáreas de palma aceitera, un plan que en ese momento parecía demasiado ambicioso.

El anuncio se volvió el centro de los debates, los ojos estaban puestos en el sureste mexicano.

El proyecto modelo, proyecto estrella, encerraba una derrama económica importante, inmediatamente se politizó.

Entre la aceptación económica y el rechazo ecológico, empezó su peregrinar.

Y así, el proyecto que apenas hace 4 años se veía como ambicioso, pero además; agresivo a los ecosistemas, fue rebasado por la realidad.

Pues México ya tiene en los campos agrícolas poco más de 100 000 hectáreas de palma, a pesar de las oposiciones, sobre todo ecologistas;

que sustentan la deforestación.

Y como no, si antes del año 2010, nada limitaba a los palmeros a sembrar donde quisieran, y poco más de 6 décadas después de las primeras plantaciones, México reconoce la necesidad de sembrar el cultivo en terrenos ya deforestados.

Lo cierto es que los discursos argumentan que esa decisión tardía, le costó a México miles de hectáreas de bosque.

Los debates ecologistas se sostienen en la evidente pérdida de áreas boscosas y a consecuencia de ello; la emigración de la fauna a otras áreas.

La fauna desprotegida huye en busca de comida y protección, y en la fuga muchas especies, sobre todo las más vulnerables, quedan en el intento.

Pareciera un filme ver especies atravesando las carreteras en busca de nuevos hábitats, pero es la realidad que se vive en el trópico húmedo.

Además de que la palma ha disminuido la siembra de diversos cultivos tradicionales de indígenas que sembraban para subsistir.

El incremento de la superficie, necesariamente ha disminuido la siembra de otros cultivos habituales en la zona.

A pesar de que las plantaciones son muy recientes, ya se presenta contaminación en los suelos, por el uso inadecuado de químicos altamente tóxicos.

Se registraron denuncias de los lugareños cercanos a las plantaciones, por el uso de DDT para tratar plagas.

Se señalaron empresa palmeras que estaba haciendo uso de DDT y glifosato, químicos que por las escorrentías naturales fueron a dar al rio y aparecieron cientos de peces muertos.

Se han reportado la construcción de canales para desviar el agua del rio hacia las plantaciones.

Por alguna razón, ninguna de las acusaciones sociales ha logrado prosperar.

Además representa una amenaza para la flora y la fauna que reside en la laguna de términos y manglares.

Un importante porcentaje de palma se ha sembrado muy cerca de ríos y humedales, lo que representa una amenaza de extracción y contaminación de los yacimientos de agua.

En algunas zonas se ha registrado la disminución del agua con afectación en las localidades.

Tal como ya ha pasado en la selva lacandona, que se atribuye a la siembra de palma la aceleración en la desaparición de lagunas naturales.

Se ha observado la afectación de la fauna silvestre por el uso de gramíneas envenenadas con furadán para combatir roedores.

Además la invasión de terrenos y acaparamiento de unos cuantos para sembrar palma.

Los campesinos de algunos lugares se quejan de que sembrar palma, prácticamente los ha retrocedido a las "tiendas de raya" populares a mediados del siglo pasado.

Pues ahora también están a merced de patrones o las grandes empresas palmeras.

La ayuda condicionada ha provocado el acaparamiento de la producción y manipuleo de los precios.

La soberanía alimentaria de los granos básicos se ve cada vez más amenazada por el incremento de la siembra de palma.

Bajo esas condiciones no se puede hablar de un cultivo respetuoso del medio natural y social.

Si se quiere lograr la sustentabilidad del cultivo, es necesario modificar las prácticas adquiridas.

4.1.9. República Dominicana

Las primeras plantaciones se inician en la década de los 80´s, aunque sigue siendo uno de los 4 países que menos plantación tiene en sus campos.

Los motivos que sostienen el cultivo, están basados en las bonanzas económicas con el aliciente de las mejoras sociales.

Sin embargo otro problema aqueja, el uso excesivo de combustibles fósiles que han colocado al país en una crisis ambiental y de salud para los habitantes.

Según reporte del consejo Nacional de la competitividad,[28] en los últimos años ha invertido millones de dólares para la importación de combustibles.

La Ley 57-07, en su considerando sexto señala lo siguiente:

> *"es interés del Estado, organizar y promover la creación de nuevas tecnologías energéticas y la adecuada aplicación local de tecnologías ya conocidas, permitiendo la competencia de costo entre las energías alternativas, limpias y provenientes de recursos naturales, con la energía producida por hidrocarburos y sus derivados, los cuales provocan impacto dañino al medio ambiente, a la atmósfera y a la biosfera, por lo que deberá incentivarse la investigación, desarrollo y aplicación de estas nuevas tecnologías;*

Así, sus indicadores energéticos y sus problemas ambientales actuales, le han llevado a la posibilidad de pensar en los biocombustibles.

En ese sentido, la visión que se tiene del cultivo de palma, es reducir la dependencia de combustibles fósiles.

---

[28] Consejo Nacional de la Competitividad de la Republica Dominicana. Estudio base sobre la producción y comercialización de oleaginosas para biodiesel en la República Dominicana. 2007. Pág. 4.

Se tiene grandes expectativas de la palma africana, para remediar males añejos.

Aun y con sus bonanzas, ha presentado fenómenos nada amigables con la paz social y el medio ambiente.

Los intentos por establecerla han sido más de uno, los fracasos han estado a la orden.

Tal como lo señala el Consejo Nacional de la competitividad dominicana, "las experiencias han sido descontinuadas por diferentes causas como: la incidencia de enfermedades, el desconocimiento del manejo del cultivo, la falta de mercado, la falta de financiamiento y precios poco atractivos del aceite, entre otros. (CNC 2007)

Pero el cultivo no está exento de padecer eventualidades, pues es muy susceptible a los cambios climáticos.

Tal como el tiempo se los hizo saber con el huracán Jeanne que azotó en el 2004 y mucha plantación resultó afectada.

Además de que la poca experiencia del cultivo les ha llevado a enfrentarse a adversidades que no han sobrellevado con éxito.

Las limitaciones económicas y la falta de capacitación, pone en riesgo la plantación ya establecida, sobre todo; en los pequeños productores.

El movimiento mundial por los bosques tropicales precisa que "el amargo fruto de la palma aceitera, trae despojo y deforestación, afecta a las personas y los entornos donde se establece"[29]

Pese a los problemas que han padecido, aun guardan la esperanza de lograr que el cultivo prospere.

Sin embargo, a dos décadas después de aceptarlo como una opción a sus

---

[29] Movimiento Mundial por los Bosques Tropicales "el amargo fruto de la palma aceitera" 2001.

principales problemas, ya tienen muchas adversidades que contar.

4.1.10. Venezuela

En la década de los 40's se tuvo la primera experiencia con el cultivo, que llegó con muchas expectativas.

Carrero[30] señala que desde el principio se preocuparon por estudiar las bondades del cultivo tropical, que podía resolver, de una manera competitiva, el enorme déficit en la producción de materia prima para aceites y grasas vegetales que ha enfrentado Venezuela.

Sin embargo, por alguna razón; aún sigue siendo un problema abastecer la demanda de aceite.

Las esperanzas no se pierden, pues se tiene muchas expectativas puestas en el cultivo.

Pero los problemas no se han hecho esperar, los cambios climáticos han desfavorecido al cultivo, el exceso o la falta de agua igualmente afectan a la producción.

Lo que quiere decir que el efecto hídrico sobre las plantaciones ha mermado la producción, pero también los ánimos del agricultor que depende de la lluvia.

El problema es que se sacrificaron otros cultivos para establecerla y que ahora impacta en la alimentación de los productores de autoconsumo.

El productor pensó que la palma al tener un rendimiento económico atractivo, le permitiría abastecer sus necesidades del mercado exterior, así que dejó de sembrar cultivos básicos y le apostó a la palma.

Como quien dice, cambió su plato de legumbre por apostarle a un trozo

---

[30] Revista PALMAS. Volumen 19, Número Especial, 1998

de carne, y ahora; no ganó el trozo de carne, y le sufre para conseguir un plato de judías.

Pero ahora se dedican grandes extensiones exclusivamente al cultivo con afectaciones a otras áreas, "el cultivo ha ejercido un impacto sobre la seguridad y soberanía alimentaria."[31]

Otro dolor de cabeza es el fuerte paquete agro tóxico que se utiliza, pues debilita los ecosistemas y contamina los suelos.

En un alto porcentaje, la palma se siembra en suelos donde previamente existían bosques tropicales, lo que ha generado una fuerte deforestación. Además una importante pérdida de flora y fauna en diversos ecosistemas.

Cada caso tiene sus propias explicaciones, pero cuando se pone en riesgo la seguridad alimentaria y la salud, no hay explicaciones que puedan prosperar.

Nada puede ser sostenible en el tiempo en medio del caos y el vacío de posibilidades.

4.1.11. Panamá

En el año 1998 apenas se observaban pequeñas plantaciones y todas estas manos de pequeños productores.

Se implementa por el deseo de alcanzar esos rendimientos tan ofertados y pocas veces logrados.

Pero como en muchos lugares del planeta, los cambios climáticos han afectado los rendimientos de los cultivos tradicionales.

Es de esperarse que los agricultores se van adecuando a las nuevas

---

[31] Agronomía Trop. vol.61 no.3-4 Maracay dic. 2011

oportunidades.

De hecho es otro motivo por el cual la palma ha desplazado diversos cultivos y que siguen en descenso. (Vázquez 2014)

Si bien como señala en un periódico local Víctor Watts, presidente de la Asociación de Palmicultores Independientes de Chiriquí, a partir del 2012 se observó un crecimiento en la superficie, Panamá a pesar del tiempo trascurrido tiene muy poca superficie.

Aun así; el cultivo no se ha implementado tan libre como se quisiera.

Ya que su establecimiento ha traído aparejado conflictos sociales y ecológicos.

Después de todo; el tema ya no parece tan nuevo, son casi los mismos dolores que se padecen en los países de América latina productores de palma.

Existen problemas respeto a la asistencia técnica y la falta de atención del gobierno respeto a esos rubros que son nuevos para el país, se necesitan técnicos especializados en el cultivo. *Ídem*

Además de la vacilación que existe en los precios pues están supeditados a los mercados europeos.

Otro problema es la queja de los sectores, respeto a la apropiación privada de tierras en áreas protegidas, donde el establecimiento del cultivo ha impactado patrimonios ecológicos.

Para algunos sectores panameños el cultivo es altamente cuestionable, por lo que no debe anteponerse ante los bosques, y de ser así; se advierte que es un suicido anunciado. *Ídem*

Además de que se señala que se observan un sinfín de violaciones a los derechos humanos.

Y un evidente sometimiento de los pueblos, a un modelo de desarrollo no equitativo para los lugareños.

En un periódico local se expuso que a pesar de que "el Ministerio de Ambiente paralizó el cultivo de palma africana en el Bosque Protector, las actividades no cesan"[32]

Como en muchos otros países, se tiene la idea de que la palma es una alternativa agrícola inmejorable para el desarrollo de las comunidades. Sin embargo, con esas perspectivas de manejo; no es muy factible que el cultivo se pueda sostener.

4.1.12. Nicaragua

A principios de los 80´s se inició el proyecto de siembra de palma, con las mejores expectativas y en espera de alcanzar el éxito.

Poco tiempo después, sus esperanzas se derrumbaron con el endeudamiento que se originó por la caída del precio.

Aunado a ello la falta de recursos, provocó el abandono de mucha plantación.

Quizás eso favoreció a que las plantaciones fueran traspasadas a empresarios que podían sufragar los costos del mantenimiento.

El 70% de la superficie de palma que se produce, está en manos de inversiones privadas, lo que genera un verdadero oligopolio.[33]

Si bien, la siembra del cultivo vuelve a tomar auge y se intenta restablecer, no está exenta de otras eventualidades que pueden

---

[32] Véase https://www.prensa.com/impresa/panorama/Evangelizando-palma-aceitera_0_4675032457.html, publicado en Panamá, 6 de junio de 2020.
[33] Anuario de Estudios Centroamericanos, Universidad de Costa Rica, 44: 315-340, 2018. Escrito por: Daniel Villafuerte Solís. *"Entre La Pasión y el Bajo Aguán: el rostro violento del neoextractivismo palmero en centroamérica"*

intervenir en los objetivos que se tienen de expansión.

Pues como en muchos otros lugares, los conflictos agrarios son un problema que somete la paz.

Aunado a lo anterior, existen otros problemas socioambientales que impiden que el cultivo avance sin ser tildado.

De hecho señalan los nicaragüenses que "la palma es pan para hoy y miseria para mañana"

Así en medio de estudios, análisis, aceptaciones y rechazos, se intenta incrementar la superficie de palma.

Defendiendo la idea de que las abundancias de hoy no necesariamente lo serán para mañana.

Nicaragua no es la excepción, como en todos los demás países que se han analizado; la metodología del cultivo deja mucho que desear, debe replantear sus prácticas, pero desde un enfoque sustentable integral.

CAPÍTULO V: LA PALMA EN EL TRÓPICO HÚMEDO DE MÉXICO

La *Elaeis guineensis,* también conocida como palma africana de aceite o palma aceitera.

Un cultivo agrícola muy reciente en los campos mexicanos.

Por la situación geológica de los suelos, el trópico húmedo es un atrayente natural para el cultivo, y la inversión extranjera no se hizo esperar.

En México el establecimiento del cultivo de palma, se ha llevado a cabo a través de predios propios y en la modalidad de arrendamiento a favor de empresarios Mexicanos y de otros Países como Costa Rica,

Colombia y Guatemala, quienes han establecido grandes superficies en Chiapas, Tabasco, Veracruz y Campeche.

Y en pocos casos, se ha establecido por el sector social y en superficies menores.

La biodiversidad de climas y suelos que se observan en el Sureste, es lo que ha permitido el establecimiento del nuevo cultivo, que según "dicen" los juicios mediáticos y las políticas economías; promete una economía más solvente para los campesinos-agricultores.

Sin embargo; más allá de una opinión de gabinete; las características del cultivo exigen razones técnicas.

Muchas cosas pueden estar en juego; por lo que es preciso que el productor conozca la información técnica que apoye el romanticismo de la abundancia económica y de rendimiento.

Por el momento lo que existe en abundancia es el desconocimiento del cultivo.

Uno de los principales problemas del establecimiento, es que existe poca investigación y esta resulta insuficiente para determinar el comportamiento desde una visión integral.

Pues como lo diría el coloquial refrán "cada quien habla como le va en la feria" y de ello se desprende que; los productores que le han apostado a este cultivo, han presentado diferentes circunstancias, retos y desafíos en el establecimiento y sostenimiento del palmar.

Aunque en México se tiene la "asesoría" sobre todo de Colombia y Puerto rico, no se comparan las prácticas, puesto que cada País tiene diferente cultura, métodos, tecnología, inversiones, incluso; políticas de producción.

Por ejemplo en México el desconocimiento técnico y comportamiento del cultivo ya ha ocasionado algunos inconvenientes.

Escenario que sin duda afecta más al sector social (campesinos), pues al no tener recursos para pagar asesores, éste lo establece con sus propias enseñanzas, con la añoranza de los rendimientos.

Desafortunadamente el cultivo, sin un manejo adecuado, puede llegar hacer un problema que sin intención se puede convertir en una catástrofe económica para los productores y con efectos importantes a la biodiversidad.

Pero los juicios mediáticos dicen que es amigable con el medio natural y que además; vino a redimir a los campesinos del abandono.

Pareciera que la política verde tiene todo bajo control avalando la sustentabilidad, entonces ¿qué podría salir mal?

Sin embargo en un estudio realizado tomando en consideración la observación y el comportamiento de los criterios técnicos y económicos, pero también; el análisis y el comportamiento del cultivo de palma, desde un panorama social y ambiental, los resultados fueron diversos.

Pero antes de desarrollar esas teorías y exponer el resultado de las vivencias en campo, es necesario conocer aspectos generales del cultivo.

Como cualquier otro; tienen características y demandas específicas para su establecimiento desarrollo y producción.

Requerimientos técnicos y condiciones necesarias para lograr producir el cultivo, y de los que sin duda; depende el éxito o fracaso.

Los datos aquí señalados son confrontados con los teoremas y la experiencia de campo con productores, así como técnicos especialistas colombianos y mexicanos.

5.1. Aspectos generales

Las generalidades de este cultivo se determinan por el análisis de una serie de criterios de tipo y de condiciones, que coadyuvan en el proceso de su establecimiento, manejo, cuidado, producción y comercialización. Sin duda un conjunto de necesidades difíciles de complacer sin la ayuda de la ciencia y la tecnología.

La palma africana, forma parte de la familia de las *palmáceas*, es un árbol perenne que alcanza una altura de entre 20 y 30 metros, con un grosor de 50 centímetros de diámetro, esto dependerá de las condiciones de los suelos y los nutrientes que se le aporten.

Sus raíces son de sistema radicular, es decir; crecen en forma de radio alrededor de la planta, la sostienen y ayudan a absorber el agua y los nutrientes del suelo.

En la modalidad de temporal se empieza a producir al tercer año, aunque existe datos que "la producción inicia al segundo año de haberla establecido y continúa produciendo de manera óptima por más de 25 años" (Inifap/Sagarpa, 2011, p. 2).

Como se puede ver, es una planta muy longeva, pero su mejor momento son las tres primeras décadas, aunque tiene una etapa donde alcanza sus mejores rendimientos.

Claro que, aun en su mejor etapa, para alcanzar esos rendimientos, importa mucho las condiciones de manejo de la plantación.

5.1.1. Tipos de palma

Como cualquier otro cultivo, existen varios tipos de palma africana de aceite, y la elección de la variedad, desde luego que depende de las condiciones climáticas y de la química del suelo.

Para ello existen paquetes tecnológicos que se establecen para conocer la funcionalidad general del cultivo.

Hay variedades que se distinguen precisamente por las características del fruto, dentro de las que destaca las siguientes: (INIFAP/SAGARPA, 2011, p. 4)

- *Dura. Se caracteriza por tener frutos con una semilla de cáscara gruesa, y poco mesocarpio o tejido aceitoso. Con estas variedades se establecieron las primeras plantaciones en el mundo.*
- *Pisifera. Este grupo produce frutos que no forman semilla y generalmente no alcanzan la madurez, pero son altas productoras de polen para realizar cruzas.*
- *Tenera. Son híbridos producto de la cruza de Dura x Pisifera (D x P), que producen frutos con una semilla de cáscara con grosor intermedio y abundante producción de mesocarpio. Actualmente, la variedad Tenera es universalmente usadas en las plantaciones comerciales.*

Como se puede ver, es necesario conocer la variedad de la palma, para determinar si es apta o no para siembra y producción.

Cada variedad tiene una funcionalidad distinta, pero entre ellas se aportan características para lograr la mejor elección para la siembra.

5.1.2. Ciclo productivo

La palma es un cultivo agrícola perenne, que tiene sus propios periodos de tiempo para sembrarla y empezar a cosechar frutos.

Se siembra en dos modalidades; palma de temporal o con auxilio de sistemas de riego.

La selección de la modalidad influye considerablemente en la forma de producir, ya que en la primera opción, el cultivo depende de las precipitaciones anuales, pero en la segunda, no es necesario, pues a través de tecnologías se establecen sistemas de riego para abastecerla de la humedad suficiente.

En la modalidad de temporal, dependiendo del manejo que se le dé a la plantación se puede empezar a producir a partir del tercer año.

Pero esa plantación depende del factor climático, las condiciones del clima determinan el ciclo productivo, por ejemplo; las cosechas en periodos de lluvia suelen ser más continuas y con mejores rendimientos.

Pero en los periodos de sequía la plantación sufre de estrés hídrico, lo que impacta en el crecimiento del fruto y por consecuencia en la producción, situación que reduce el número de cortas.

En esa modalidad, es inevitable que las ganancias se reduzcan.

Por otro lado; la plantación con sistemas de riego y un manejo óptimo, puede empezar a producir antes del tercer año; incluso se tienen datos que algunos productores empezaron cortes de fruto al año.

Esto se debe a que se tienen las condiciones de humedad necesarias pues con un sistema de riego se evita el estrés hídrico.

Además de que se puede cosechar todo el año (cortes cada 15 días) con muy buenos rendimientos.

Evidentemente en este sistema, las ganancias se incrementan, se puede hablar incluso de una mejor calidad del fruto.

Es por eso que hablar de ciclo productivo puede variar y mucho, pero depende de la modalidad (temporal o riego) y el manejo de la plantación.

Claro que se debe tomar en cuenta que la plantación alcanza su ciclo productivo óptimo y con mejores ganancias, entre los 15 y 25 años.

Antes de ese rango los rendimientos son menores, los primeros tres años los costos de establecimiento y manejo son considerables, y los siguientes prácticamente son de recuperación de la inversión.

Después de los 25 años el manejo se vuelve complejo generando más costos, además la plantación ya longeva demanda más fertilización y aun así los rendimientos pueden no ser buenos.

Entonces ya no reditúa conservar la plantación longeva, pues demanda demasiado tiempo, dinero y esfuerzo para producir.

5.2.   Costos

Los costos no suelen ser tema común para el productor, sobre todo en el sector social, pues éste por la falta de preparación o porque está acostumbrado a la labranza arcaica, no le preocupa llevar una estado financiero.

Lo cierto es que es tan importante como la selección del cultivo y los suelos, pues el desconocimiento del costo puede llevar al fracaso a la producción.

No saber cuánto cuesta producir, no se puede programar el capital para establecer y mantener el cultivo.

Para el productor es una desventaja, pues lo único que sabe es que la palma tiene buenos rendimientos, pero al desconocer sus costos, no pueden conocer las ganancias reales.

Y esto sucede en todos los cultivos; sobre todo con productores de autoconsumo.

Le preguntaba a un productor de granos básicos, cuanto le estaba rindiendo en toneladas una hectárea de maíz en modalidad temporal, me dijo: "los tiempos han cambiado mucho, ahora sólo rinde 500 kgs., y en ocasiones no alcanzaba ni la media tonelada"

Lo que me llevo hacerle la siguiente pregunta; ¿cuánto dinero le cuesta producir la hectárea?

Cabizbajo contestó: "No he sacado la cuenta, pero compro un bulto de semilla y líquido para fumigar y si el dinero me alcanza compro fertilizante, la mano de obra no me cuesta porque yo lo siembro"

Cundo investigué los costos de producir una hectárea de maíz y los rendimientos que se estaba generando, el resultado fue que el productor no solo perdía dinero sino que además su trabajo.

La conclusión a la que llegué es que le convenía comprar el maíz para su consumo y no es un atrevimiento pensarlo; pues para muchos es la solución que han encontrado.

Y así como este productor de maíz para autoconsumo; productores de otros cultivos se encuentran en la misma situación.

Pero el aliciente es que "sacan para la comida" sobre todo en los cultivos cíclicos; cada ciclo agrícola hay algo en los campos para llevar a la mesa de sus familias.

Y así; la agricultura de autoconsumo se sostiene sin ganancias económicas evidentes, más que el ánimo de sembrar para cosechar.

El tema no es nada menor, pues uno de los problemas que ha presentado el establecimiento de la palma, es precisamente el capital que se requiere invertir y el tiempo que se debe esperar para empezar a recuperar la inversión.

Si bien para un inversionista el tema de los costos está resuelto desde que decide establecer una plantación, incluso se complementa con estudios técnicos que indican la rentabilidad.

El escenario no es el mismo para un productor social que ha decidido probar suerte, sólo sabe que la actividad es rentable porque se lo han contado.

Pero los tres primero años se verá en apuros, tantos que muchos deciden abortar la misión, incluso a pesar de la inversión ya realizada.

Es un cultivo costoso no sólo para establecerlo, sino que además para mantenerlo los primeros 5 años y los riesgos son muchos, máxime si es una producción de temporal.

Por ello; es necesario que el productor social conozca estos temas que pueden sensibilizar su economía incluso la plantación.

Pareciera que no tiene impacto, pero en la entrevista a los productores de palma; un porcentaje importante señala que ha tenido que dejar el proyecto por falta de recursos para mantenerla.

Lo cual quiere decir que sin una proyección económica, el cultivo puede fracasar a muy temprana edad.

Entonces de nada habrá valido el cambio de uso de suelo, de cultivo o incluso; talar selvas bajas, acahuales o montañas para establecerlo.

5.2.1. Establecimiento

Los costos para establecer el cultivo ya sea en condiciones de temporal o riego, consideran varias vertientes, mismas que pueden modificarse según las condiciones de cada caso en concreto.

Es decir; acceso al predio donde se pretende establecer la plantación, el tipo de suelo, el tipo de terreno, la infraestructura que el terreno necesite y la limpia que se requiere hacer.

Todas esas condiciones complican generalizar un costo, pues en el trópico húmedo los suelos tienen importantes diferencias.

En algunos predios se requiere la constricción de drenes para evitar el encharcamiento del agua, mientras que otros; caminos de acceso y saca cosecha y otros demandan un sistema de riego.

Sin embargo como referencia, se presenta el siguiente cuadro para establecer el cultivo de palma en modalidad de temporal.

Costos para establecer una hectárea de palma africana de aceite

Actividades a realizar para el establecimiento de una hectárea de palma africana de aceite en el Estado de Campeche, México.	Costo x hectárea ($MN)
En la preparación del suelo, se lleva a cabo el desmonte y enchorizado, si es monte alto	4,500.00
Quema de la maleza	100.00
Caminos de acceso para trasladar la plantación y habilitarlo para la futura producción	5,000.00
Corte y acarreo de baliza (145 x ha.)	150.00
Trazo de la plantación con la baliza	300.00
Cajeteo químico, al momento de colocar la baliza, esta manda el lugar exacto en donde se sembrara cada palma, por lo que si hay incidencias de maleza, debe hacerse un cajeteo pre siembra	400.00
Compra de las plantas por hectárea a un costo de 80.00 pesos cada una puesta en vivero. (145 plantas/ha.)	11,600.00
Acarreo de la planta de las áreas donde están concentradas a las orillas de calle de las áreas a sembrar.	400.00
Distribución de la planta, de la orilla de calle se distribuye la planta en el área a sembrar poniendo una planta por cada baliza sembrada (2 jornales/ha.)	300.00
Siembra de planta, se realiza una poceta acorde con el tamaño de la planta, al mismo tiempo se debe ir fertilizando.	900.00
Fertilizante de la siembra, esta se lleva a cabo en dos etapas: Al momento de sembrar se fertiliza con 500 gramos de DAP, al abrir la poceta se pone la mitad del fertilizante al fondo de la poceta y el	650.00

otro 50% en medio, una vez metido el piñón de la planta y después se empieza a tapar.	
Enderezado de plantas, las plantas acamadas por exceso de agua o mala siembra, deben acamarse (1 jornal/ha.)	150.00
Total de costos para establecer una hectárea del cultivo de palma africana de aceite en condiciones de temporal	24,450.00

Fuente: Campo, tomando como referencia la zona palmera sur-sureste[34]

La palma no tolera encharcamientos prolongados, por ello en suelos inundables se puede necesitar la constricciones de drenes y zanjas, si fuera el caso; se debe considerar un costos extra de 3,500.00[35] pesos por hectáreas.

El trópico tienen zonas con suelos inundables y en muchas áreas donde se está estableciendo el cultivo, se requieren constricción de drenes y zanjas.

Se hacen pequeños huecos en el suelo alrededor de 3 pulgadas de diámetro por 50 centímetros de profundidad usando maquinaria, para que lleguen hasta las zanjas que también son construidas con maquinarias.

Pero todos los costos que se presentan el cuadro de referencia son sólo para establecer el cultivo.

Una vez establecida la plantación, es necesario pensar en los costos del manejo.

El mantenimiento también requiere tiempo, esfuerzo y dinero.

---

[34] Datos recopilados del paquete tecnológico INIFAP-SAGARPA, así como de las entrevistas aplicadas a productores, técnicos y la indagación de precios de mercado, de diversos químicos: insecticidas, plaguicidas, fertilizantes. Los costos están sujetos a los precios de insumos y de la mano de obra.

[35] El costo puede variar, dependiendo de la maquinaria y los insumos, pero también del lugar

5.2.2. Mantenimiento

Después de la siembra, los primeros tres años son de inversión para el productor.

Ya establecida, la paciencia es su mejor aliada, pues debe esperar hasta que la palma empiece a producir.

Pero independientemente de que la producción empiece al año o a los tres años, el cultivo todavía no genera ganancias.

El éxito depende de las condiciones climáticas, más en condiciones de temporal; y un buen programa de manejo.

Dependiendo de lo que su plantación le vaya demandando, se debe programar cajeteo manual, cajeteo químico, chapeo manual, podas, desembejucado, fertilización, control de plagas, control de enfermedades.

Claro que con todo esto, pero sin buenas condiciones del suelo, no se puede esperar mucho.

Por ejemplo; hay suelos donde el bejuco se encariña y es difícil de combatir, así que el productor asume mayores costos para desembejucar por periodo de tiempo cortos para que no afecte al cultivo.

Además es necesario tener en cuenta que si no se tiene un buen control de maleza, incluso si está cerca de terrenos sucios, la plantación se convierte en casa de roedores.

Costos para el manejo y mantenimiento de la plantación de palma africana de aceite

Actividades a realizar para hacer producir una hectárea de palma africana de aceite en el Estado de Campeche, México.	Costo x hectárea ($MN)
El desembejucado debe realizarse independientemente del cajeteo químico y	150.00

manual ya que hay maleza agresiva que se enreda en la palma y hay que combatirlas. (1 jornal/ha.)	
Podas, que se deben realizar cada año para eliminar las hojas que ya han cumplido su función, por cuestiones de sanidad y para mejorar el uso de nutrientes. (2 jornales/ha.)	300.00
La fertilización es importante, esta maneja un programa de fertilización que va en aumento justo cuando la planta entra en producción esta demanda más fertilización: 1er. año 2,100.00/ha. (145kg/fertilizante/2jornales/ha.) 2do. y 3er. año 6,900.00/ha. (435kg/fertilizante/10jornales/ha.) 4to. año en adelante 9,000.00 (580 kg/fertilizante/12jornales/ha.) Por lo que al cuarto año se le debe considerar un costo más alto por fertilización.	9,000.00
Control de plagas, ya que la plantación desde su establecimiento debe ser monitoreada de manera permanente. Los 3 primeros años la palma es muy sensible al ataque de ratas y tuzas, así como a defoliadores que son vectores de enfermedades. El costo/ha., para los 3 primeros años es de $ 2,398.00 posteriormente se estiman $ 1936/ha. Si la plantación está bien nutrida y limpia será menos susceptibles a plagas y enfermedades	1,936.00
Total de costos para mantenimiento de una hectárea de palma en condiciones de temporal	11,386.00

Fuente: [36]

En el caso de suelos inundables donde se han construido drenes, se debe considerar un costo extra de 350.00 pesos anuales por hectárea para el desazolve de los drenes.

---

[36] Datos obtenidos del paquete tecnológico Inifap-Sagarpa, entrevistas a productores, técnicos e investigación de precios de mercado, tomando como referencia la zona palmera sur-sureste

Todos los costos de control y manejo, basados en productos de venta en el mercado, se actualizan dependiendo de los precios del proveedor.

5.2.3. Cosecha

El momento esperado, cuando se llega hasta esta etapa, la espera ha valido la pena.

Pero ya en la cosecha se presentan otros costos, se deben considerar gastos para el corte del fruto, acarreo al área de concentración y flete de transporte para llevar la producción al centro de acopio o a las extractoras de aceite.

Es hasta este momento que se valoran los caminos de acceso a la plantación, si no se tienen caminos saca cosecha, los costos se pueden elevar.

También la edad de la plantación influye en los costos, pues para el corte es importante la altura de la planta, entre más alta, se encarecen los costos de corte.

Se puede decir que entre los 3 y 10 años de edad el corte es más accesible.

La segunda década de vida, la plantación ha crecido, incluso se hace uso de escaleras para el corte, lo que implica más costo y mayor riesgos para los cortadores.

Justo en la cosecha; el corte debe hacerse con utensilios especiales y realizarlo evitando lastimar demasiado la planta, porque se puede generar un problema de plagas y enfermedades.

Por eso los costos de cosecha, varían mucho y dependen de diferentes factores.

Por ejemplo, en el traslado del fruto es muy difícil determinar los costos pues constantemente existe variación entre la distancia de la plantación y los centros de acopio o extractoras a las que se entrega el producto.

Aunado a la fluctuación de los precios de combustible, datos que pueden aumentar el costo del flete.

Otro factor que puede incrementar los costos, es el tipo de terreno donde está la plantación, es decir; si son cerros, si hay caminos adecuados para sacar cosecha, si son terrenos inundables.

Lo que hace prácticamente imposible, generar una tabla con la inversión que se requiere, pues partiendo de que cada plantación tiene sus propias características, los datos son muy variantes.

5.3.   Rendimientos

El tema favorito de todo agricultor cuánto va a elegir que sembrar, de ello depende el enamoramiento o la desilusión de x cultivo.

Si bien basado en los criterios técnicos, el cultivo permite estandarizar un rendimiento promedio; también depende de sus características y la modalidad.

Aunque los paquetes básicos son una herramienta con criterios técnicos suficientes para determina un rendimiento aproximado.

Sin embargo varían por diversos factores que pueden depender o no del productor.

En el caso de la palma, los estudios señalan que tiene una capacidad máxima de producción anual de 40 toneladas por hectárea.

Sin duda un excelente rendimiento, pero es importante precisar que está condicionada a un régimen hídrico adecuado y un buen manejo de la plantación.

Lo cual quiere decir que la plantación establecida en condiciones de temporal, puede ser poco probable alcanzar el máximo rendimiento de 40/ton/ha/anual.

Pues para ello se requiere una precipitación anual uniforme que le proporcione las condiciones de humedad adecuadas y según las proyecciones climáticas, solo algunas zonas del Estado de Chiapas y Veracruz colindantes del Estado de Tabasco, se registran lluvias durante casi todo el año.

Incluso el Estado de Tabasco es considerado como el que más precipitaciones recibe al año, pero en verano; se observa la ausencia de lluvias.

En un escenario de limitaciones por la falta de precipitación, el cultivo aún tiene oportunidad en condiciones de temporal, pues bajo un control y manejo adecuado, la plantación puede alcanzar entre 20 y 28 toneladas anuales por hectárea.

Así es; con la poca humedad que puedan retener los suelos y un manejo esmerado, el rendimiento aun es bueno.

Bajo el régimen de temporal puede conseguirse que el palmar empiece a producir a los 3 años y con rendimientos importantes.

Claro que como ya se dijo; los primeros 2 años de producción, los rendimientos no son tan importantes, pues los racimos apenas alcanzan un tamaño de entre 3 y 9 kilogramos.

Es más, el primer quinquenio no aporta tantos rendimientos, por ende las ganancias aun no ven.

Según reportes de los campesinos, hasta el sexto año de edad, se alcanza rendimientos permitiendo una ligera ganancia.

A partir de ahí; el productor empieza a recuperar su inversión.

El margen de ganancia, depende de su rendimiento real, los costos generales y el precio de venta por tonelada.

Por lo mismo es difícil estandarizar rendimientos, pues las condiciones en las que se establece el palmar no son las mimas para todos.

Es más; las variaciones son tantas que predios colindantes pueden tener resultados totalmente opuestos.

Definitivamente depende mucho de las circunstancias técnicas y edafoclimáticas, pero también económicas de cada caso en concreto.

5.4. Mercado

Por muchos años el campesino-agricultor ha estado en una desventaja con los productos que produce en el campo.

Y no es que el mercado sea escaso, pues a diario en casa se consumen productos del campo.

Y es que establecer un mercado para su producto, no le ha sido sencillo, lo que influye muchas veces en su fracaso y el desánimo para seguir produciendo, sobre todo cultivos cíclicos.

En el mercadeo, a veces el cultivo favorece otras veces no tanto, en eso mucho tiene que ver la influencia de mercados internacionales y la ley de la oferta y la demanda.

Así es como muchos cultivos se han dejado de sembrar, si bien puede ser por muchas causas; dentro de ellos se encuentra el factor mercado.

Pero también han desaparecido de los campos por lo costoso que resultan, la perdida de fertilidad de los suelos y el cambio climático.

Tengo que reconocer que esa no es la situación de la palma, pues hasta ahora tiene un mercado asegurado, y eso para el campesino es sumamente importante.

Tanto que, si al final hay un mercado esperando por producto, habrá valido la pena la inversión de sus esfuerzos y sus pocos ahorros.

Podría ser temas menores para el economista, el ambientalista, la sociedad, los sectores políticos, pero para el productor el mercado es el punto final del éxito o el fracaso.

De nada sirve sembrar con el mejor rendimiento, incluso un cultivo oneroso sin un mercado.

Nadie que no vive de cerca la actividad agrícola puede entender esto, pero el tener un producto en el campo listo para ser cosechado y no contar con un mercado es el peor fracaso del productor.

Así que para el campesino tradicional, no importa las travesías que debe pasar si al final sabe que venderá su producto.

Pues le permite seguir produciendo en el campo y generar divisas para su familia.

Y según las diversas entrevistas a los productores de palma, este es el principal motivo por el que en su momento; decidieron hacer cambio de cultivo en sus pequeñas parcelas.

Sin duda los atrayentes más importantes para el productor, son las promesas de rendimiento y de mercado.

Actualmente existen mercados disponibles para acaparar la producción, tanto que cuando se empiezan las cortas, el productor ya tiene los compradores de toda la cosecha.

Tan es así que en los Estados donde hay palma sembrada, se han instalado extractoras, todas en funcionamiento y su capacidad es mayor a la producción que actualmente se tiene registrada.

Aunado a lo anterior las plantaciones extranjeras, si bien se producen en México, el fruto es procesado en sus propias extractoras.

El precio promedio oscila entre 1700 y 1800 pesos la tonelada, estos se actualizarán dependiendo también de la economía global, en algunos periodos, puede subir hasta 2000 o un poco más, pero también se tienen registrado precios muy por debajo de los 1500 pesos por tonelada.

Claro que se han presentado eventualidades, como el reciente desplome en el precio, que llevó al desastre económico a muchos productores.

Aun y con la fluctuación de los costos, el cultivo tiene garantizado el mercado, por lo menos ahora.

5.5.   Aspectos técnicos

Las actividades humanas tienen procesos experimentados, confirmados, entendidos por la ciencia, pero nada que no empiece con la observación puede alcanzar la experticia.

Los ancestros han dejado legados importantes en el arte de cultivar la tierra.

Con ellos, generaciones enteras aprendieron prácticas de cultivo exitosas, incluso antes de que existiera la ciencia y la tecnología.

Desde luego que cada uno tenía secretos que aprendieron a lo largo de cada ciclo agrícola.

Hoy aun en comunidades autóctonas, los campesinos tienes sus trucos para hacer producir, incluso a veces sin químicos.

Quizás no como en el pasado, que se producía únicamente con la bendición de los factores climáticos y se obtenían rendimientos importantes. Pero aún quedan culturas que, si bien con un mayor esfuerzo, producen cultivos para sostener a sus familias.

Un campesino le pregunta a su abuelo bastante añoso: "Abuelo, dime cual es el secreto para ser el mejor agricultor" el abuelo con mucho esfuerzo

aun cultivaba la tierra, así que le contestó "hijo hay 100 secretos que debes conocer" "¿100 secretos?" contestó "y puedes decírmelos" el abuelo contestó "sí" el primer secreto es que cada quien debe descubrir los 99 que faltan, lo que es muy sencillo pues en cada ciclo agrícola conocerás uno"
"¿Cómo? Necesitaré 100 años para conocer los 100 secretos"
Así es hijo, cada ciclo agrícola un error te muestra la oportunidad de aprender, y es tu secreto, así nunca olvides que un verdadero agricultor muere en sus campos y nunca termina de aprender.

La alegoría demuestra la realidad de un campesino, porque aun y con los avances tecnológicos y científico que se aplican a la agricultura, los campo son escuelas constantes que obligan a aprender.

Aunque pareciera que sí, un ciclo agrícola nunca es igual a otro.

Siempre hay sucesos de los que se aprende algo nuevo, nuevas variedades, nuevas plagas y enfermedades, nuevos fenómenos climáticos que desafiar, nuevos equipos, nuevos químicos, es más; hasta nuevos mercados.

Lo que quiere decir que en la agricultura la ciencia es indefinida, pues la propia ciencia muchas veces parte de los problemas que se presentan en campo.

Así que los criterios técnicos son similitudes que pueden colaborar con el cultivo para un mejor desarrollo, pero al estar basados en la observación del comportamiento en un escenario determinado, los resultados son limitados.

Generalmente esos criterios se construyen con teorías, investigación de campo y el análisis del comportamiento controlado (trabajo de laboratorio y parcelas demostrativas).

Al llevar a la práctica los aspectos técnicos, muchos pueden ser los resultados, tanto que se puede esperar los 100 secretos del abuelo.

La agricultura es exigente, sobre todo con los recursos naturales, demanda agua, luz solar, suelo, minerales para que pueda prosperar.

Pero no todos los cultivos demandan la misma cantidad y calidad, pues cada uno tiene sus propias necesidades.

Si bien la agricultura se auxilia de otros aspectos químicos para lograr mejores resultados, la mayor exigencia es para el entorno natural.

En el caso de palma requiere recursos naturales fundamentales para desarrollarse.

Se reconoce como una plantación que soporta importantes temperaturas, incluso si es quemada, tiene la capacidad de retoñar por si sola.

A pesar de ello; un estrés hídrico disminuye los rendimientos.

Por otro lado; el exceso de humedad en suelos con poca o mala permeabilidad, puede sofocarla.

Así que si bien es una planta muy dócil que puede soportar los excesos, ambas circunstancias repercuten en la producción.

Por eso es importante una buena selección de los suelos donde se va a establecer la plantación. No olvidando que su establecimiento representa un desembolso económico significativo y cambios ambientales importantes en el área.

5.5.1. Condiciones edafoclimáticas

Como todo cultivo perenne requiere de condiciones climáticas y edafológicas para crecer y desarrollarse de la mejor forma durante varios ciclos agrícolas.

Por ello es importante que el productor una vez que ha decidido establecerla; haga un análisis del suelo para conocer la situación y con ello; determinar si son aptos para el cultivo.

Porque si bien la labranza requiere de un esfuerzo físico y económico para el campesino, también para el medio ambiente.

Por ello se debe cuidar que la condiciones del suelo, el clima y la humedad, sean las correctas para que el cultivo se adapte, tenga un buen desarrollo y rendimiento en la producción.

5.5.1.1.   Los suelos

Se conoce como el sustrato de mayor relevancia en la agricultura tradicional, aunque existen otros métodos de producción que en la última década son explorados para cultivos cíclicos; como la hidroponía que desafía lo tradicional para cultivar sin tierra, si se habla de cultivos perennes necesariamente se requieren de los suelos.

El reto es seleccionar correctamente los suelos para sostener por varias décadas el cultivo.

Una decisión complicada cuando se intenta seleccionar únicamente con la experiencia.

Un golpe de suerte puede hacer que sean los suelos indicados, y si no resulta así; el tiempo lo dirá.

Generalmente es el método que se utiliza en la agricultura tradicional, de autoconsumo, de comunidades originarias.

Pocas veces este método se maneja en la agricultura industrial, debido a que existe el favor económico para no escatimar en el análisis del suelo.

Pero generalmente es la secuencia que llevan todos los cultivos, seleccionar el mejor suelo para obtener mejores rendimientos.

Si bien se dice que la palma africana no es un cultivo exigente para crecer, lo es para conseguir el máximo rendimiento, "sí requiere de algunas exigencias; en cuanto a los suelos donde se establecen, deben ser profundos, fértiles, con buena estructura, bien drenados y de pendiente ligera" (Velázquez Martínez y Gómez Vázquez, 2010, p. 15)

Las condiciones del trópico húmedo son propicias para la adaptación del cultivo, aunque no quiere decir que toda la zona sea así; también existen áreas inundables, de extrema sequía y con poca estructura.

Si se decide sembrar palma aceitera, al momento de la selección de los suelos, se debe evitar los que presentan problemas de inundación o encharcamiento, sobre todo; suelos poco profundos, áreas con suelos calizos, con mucha elevación y con escorrentía mediana y alta.

Es importante que los suelos tengan excelente drenaje de forma interna y superficial para evitar encharcamientos, deben ser moderadamente fértiles, con Ph ligeramente acido, sin problemas de toxicidad de algún elemento, poco compactados, que no tengan demasiada elevación para que no interfiera en la absorción de humedad.

El Inifap determina que los suelos deben ser planos o ligeramente ondulados, ya que pendientes mayores al 12 por ciento exponen el suelo a erosión y los costos de producción se incrementan por requerir más caminos, terrazas o curvas de nivel, lo que dificulta el manejo.

Finalmente una buena selección de los suelos, coadyuva en el desarrollo de la planta, además de que evita costos extras para la creación de infraestructura.

5.5.1.2.   Clima

Es un factor importante para la agricultura, sobre todo en los cultivos de temporal, repercute directamente en todo el proceso.

Y es lo único que hasta ahora el sujeto no ha podido manipular para bien, pero si para mal; es difícil determinar la proyección de los factores climáticos, incluso resulta complejo predecirlos.

Al principio porque interactuaban fenómenos donde no tenía injerencia el ser humano, pero ahora; porque muchas de las actividades antrópicas han modificado procesos naturales que repercuten en los climas.

Lo que para algunos sectores de la sociedad el cambio climático es una alegoría de la modernidad, para la agricultura es una realidad que ha impactado las formas de producir.

En cada ciclo agrícola el productor no sabe a qué climas se va a enfrentar, incluso no sabe cómo va a reaccionar su cultivo con determinado clima.

El problema es que representa su mayor vulnerabilidad, pues el desconocimiento del comportamiento climático genera incertidumbre al productor y a los campos agrícolas, sobre todo de temporal.

Lo que no quiere decir que los cultivos con sistemas de riego sean inmunes a los daños climáticos.

Pues en tratándose de fenómenos climáticos nada está exento de sufrir daños.

Sin embargo en los últimos años, los datos históricos señalan que en el trópico húmedo, las olas de calor se incrementan, los incendios forestales se agudizan y el estrés hídrico afecta a cualquier ser vivo que se atraviese en esas circunstancias.

En este momento, estoy escribiendo bajo una temperatura de 45°C, y créanme que mi estrés hídrico es abundante, me he terminado varios litros de agua; y mi cuerpo me demanda más líquido, pero afortunadamente puedo abastecerme de lo que necesite.

Cosa que no pasa con las plantas, porque dependen de alguien más que les dé el agua que necesitan, las lluvias o un sistema de riego, y si no se puede; le toca revolverse con lo poco que pueda absorber y retener.

Contrario a ello; las abundantes precipitaciones pueden ser nocivas, y en suelos inundables el exceso de agua puede conseguir el ahogamiento de los cultivos.

Otros fenómenos que también afectan a la agricultura; son las granizadas, tormentas eléctricas.

Son tantos los fenómenos, y cada uno lo enfrenta a su manera.

Aun y con las variaciones de temperatura los cultivos intentan sobrevivir en un escenario cada vez más hostil.

Los aspectos técnicos pueden colaborar al señalar los máximos y mínimos que soporta un cultivo.

La palma es un cultivo tropical, que se asienta bien con las altas temperaturas.

Así que se favorece con los climas calurosos, su rango promedio oscila entre 22° y 35°C, aunque pueden soportar otras temperaturas más bajas y más altas, en la promedio puede estar muy a gusto y crecer sin problemas en una modalidad de temporal, siempre y cuando no se presente una sequía estacional.

"Las temperaturas determinan cuales son las zonas óptimas que favorecen la producción, las zonas geográficas de gran producción tienen una temperatura máxima entre 29° y 32°C y una temperatura mínima entre 22 y 24°C". (Rojas Hernández, 1989, p. 20)

Existen datos que señalan que "en Tabasco se ha alcanzado mayor rendimiento en plantación establecida en zonas con temperatura mediana entre 25° y 27°C". (Velázquez Martínez, *et al.* 2010, p. 16), eso puede variar dependiendo de las condiciones pluviales de cada lugar.

Por otro lado (Inifap/Sagarpa, 2011, p. 3), establece que "las condiciones edafoclimáticas adecuadas para la producción y desarrollo de la palma en condiciones buenas, se necesita un clima mediano entre 22° y 33°C".

En México una parte considerable del sureste, tiene una temperatura media anual de 34°C, con una temperatura mínima de 23° y máxima de 45°C., aunque en los últimos años; hay lugares donde se han registrado temperaturas que alcanzan los 50°C.

Pues también en el trópico húmedo la situación climática últimamente es impredecible, lo que impide normalizar los rangos.

Aunque según la (Conagua 2017) la situación climática del sureste en los últimos años, ha sido inestable y es difícil determinar una temperatura media anual, pues esta puede presentar variaciones importantes en cualquier época del año.

Por ejemplo, en Campeche en la zona donde se encuentra establecida la mayor superficie de palma, en los últimos años se han observado temperaturas entre 22 y 45°C.

Es decir; hay palmares que se encuentran en medio de temperaturas 10°C mayor a lo que puede tolerar en condiciones de temporal.

Así el trópico húmedo no está exento de los cambios climáticos.

Ya le toca a los palmares sobrellevar esos cambios, generalmente aumento de temperatura, pero también se registran trombas y granizadas que pueden dañar las plantaciones y por ende la producción.

Así las cosas, si llueve mucho afecta, si no llueve afecta, si las temperaturas bajan afecta, si las temperaturas suben afecta.

Y si los suelos no fueron los indicados, el problema podría empeorar.

Pero aun y con esos escenarios climáticos, los cultivos perennes tienen una ventaja, si se pierde la producción de un ciclo, se puede esperar el próximo.

De los cultivos cíclicos no se puede decir lo mismo, la afectación es radical, una inundación o una sequía estacional puede terminar con el cultivo y con la esperanza del productor.

La palma opone resistencia a esos cambios, porque si bien es cierto que debido a fenómenos climáticos se han presentado pérdidas de plantaciones, por lo general cuando empieza a producir, si tiene un buen manejo, el estrés hídrico o la abundante humedad pueden mermar el peso del racimo pero la planta sigue ahí en espera de que las condiciones climáticas mejoren.

Definitivamente el factor climático afecta los rendimientos y en muchos de los casos, favorece a la pérdida de la plantación.

5.5.1.3.   Humedad

Los climas tropicales húmedos son excelentes para la producción de una gran variedad de cultivos tanto cíclicos como perennes.

Siempre que se les aporte un suelo apropiado y suficiente humedad la oportunidad de prosperar es muy alta.

La humedad es requisito indispensable para que se desarrolle el proceso de la fotosíntesis, sin el cual no sería posible el crecimiento de la planta.

Claro que dependiendo del cultivo es el porcentaje de humedad que se requiere.

De acuerdo con lo que señala el Inifap "las mejores condiciones para el establecimiento de la palma en temporal son los climas tropicales húmedos, pero también puede adaptarse en regiones de trópico subhúmedo con auxilio de riego" (Inifap/Sagarpa, 2011, p. 3)

Cualquiera que sea la modalidad, la palma requiere de cierta humedad, pero debe tener un control adecuado, ya que tanto la falta como el exceso de humedad o encharcamientos puede provocar problemas en el crecimiento y desarrollo de la plantación.

Para la plantación que se establece en condiciones de temporal, necesita que la precipitación media anual sea de 1800 mm, soportando hasta 1500 mm dependiendo de las condiciones del suelo.

Esa cantidad de agua, en suelos con capacidad adecuada para absorción, buenos drenajes y una pendiente ligera que favorezca la escorrentía sin alterar la estructura de los suelos, puede garantizar el éxito.

Pero los suelos con mala absorción, con elevaciones que generan escorrentías apresuradas, la compactación de los suelos y la falta de vegetación que puede generar una evaporación acelerada, todo esto también garantiza el fracaso, ya que impiden la retención adecuada de humedad.

Y si bien los factores climáticos son importantes, la elección de los suelos con la adecuada humedad, son determinantes para el cultivo.

No por nada; la agricultura es el arte de saber qué, cómo, cuándo y dónde sembrar.

Pero sembrar palma, además de una habilidad, se requiriere paciencia, conocer y dominar los criterios técnicos, contar con el capital suficiente para establecerla y mantenerla los primero 5 años sin ningún tipo de ganancias.

Un quehacer nada fácil, aun así; resulta un cultivo muy atractivo para el productor pero sobre todo para la agroindustria.

5.6.   Cadena productiva

Según los estudios; la palma de aceite tiene una amplia gama de posibilidades industriales.

Se inserta en el mercado transformada en diversos productos y subproductos para el consumo humano.

Su impacto es evidente en la cadena agroalimentaria a través de la trasformación y generación de productos comestibles.

Además es materia prima para otras industrias de alimentos para el ganado, biocombustibles y la fabricación de productos de belleza y limpieza.

Por ello su cadena de producción abarca un mercado muy extenso y lo coloca en un cultivo de atractivos rendimientos económicos nada despreciable para la industria.

Según (Sagarpa, 2010, pp. 3,5), el cultivo es muy atractivo y de su procesamiento se deriva una serie de productos y subproductos muy utilizados en el mundo entero, dentro de los cuales destacan:

> *Con el aceite de palma, se producen: aceites comestibles, margarinas, manteca, helados, equivalentes de aceite de cacao, alimentos congelados y deshidratados. El aceite de almendra de palma tiene alto contenido de ácido laúrico con el cual se producen, jabones, detergentes, alimentos para animales, además de que es materia prima para la producción de biodiesel, cosméticos, velas, pinturas y tintes.*

Otro uso es la elaboración de biocombustibles, alimento para ganado, fertilizantes orgánicos.

No cabe duda que una gama de posibilidades para elaborar productos comestible y no comestible que favorecen a la economía a una escala global. De hecho la producción del cultivo resulta muy atractiva para la cadena agroindustrial que deja una importante derrama económica en su procesamiento.

Décadas atrás, no se consideraba como cultivo agroindustrial, pero ahora; la moda paradójicamente ecológica y las pretensiones de mercado más exigentes, le han dado un giro a la forma de percibirlo.

Aquel cultivo que incluso en algunas partes aparecía de forma silvestre, ahora se establece en grandes extensiones con fines agroindustriales.

5.7.   Establecimiento de la palma

Como se ha podido observar, el productor no requiere mucho para decidirse por la plantación, basta saber que tiene mercado y buenos rendimientos.

Pero eso es sólo el comienzo, el éxito de la producción está en que el agricultor conozca las características técnicas y aplique un buen manejo, de lo contrario; estará al acecho del fracaso.

Si ya decidió establecer una plantación, debe verificar que los suelos cumplan con los requerimientos mínimos necesarios para iniciar los procesos de siembra.

Además del suelo, se deben tomar en cuenta otras condiciones importantes, como lo son la disponibilidad del flujo de efectivo, el acceso a la plantación, la cercanía de las plantas extractoras, el mercado, incluso las eventualidades que se le pueden presentar.

Esa es la idealidad para lograr el éxito, la verdad de las cosas es que la situación es otra.

La falta de asistencia técnica, el desconocimiento del comportamiento y el costo del cultivo, han provocado que el productor aplique su propia metodología, que con suerte le funcionará, pero es más seguro que le acerque al fracaso.

Sobre todo los productores del sector social que toda su vida han hecho producir cultivos con los consejos de sus antepasados.

Casi siempre es el mismo método, empieza el proceso con la roza, tumba y quema de un pedazo de terreno que elige al azar, no analiza si el suelo es el indicado porque carece de los conocimientos y contratar a un especialista le demanda recursos extras.

Es muy común que ya con el terreno preparado se encuentre con problemas, pero generalmente no le da importancia.

Pongamos un ejemplo de ello; con el terreno listo se baliza y se empieza hacer pocetas, justo ahí se observa un suelo agrietado, seco, con poca humedad, incluso la tierra tono blanquecino.

Todas esas características indican que no es un suelo adecuado, pero él no lo sabe; y si alguien se lo dice; piensa que ya ha invertido mucho dinero en la preparación, así que decide continuar.

Es ese momento no sabe que su esfuerzo será en vano pues la palma no prosperará o le demandará mayores recursos para lograrlo.

Lo que sí sabe es que cualquier error en la agricultura, se paga con dinero y esfuerzo.

Los tropiezos son tan comunes, máxime cuando se está sembrando por primera vez un cultivo, pues se desconocen muchas cosas.

Y en ese sentido; el cultivo de palma demanda una inversión económica importante.

Además de que todo lo que no se considere desde el inicio, impacta directamente en los costos de producción y en las ganancias.

Tanto; que el costo que demanda su establecimiento es una razón suficiente para hacer una buena selección de los suelos.

De eso depende gran parte de los rendimientos de la cosecha y las ganancias a obtener en el futuro.

Como se dijo líneas arriba, los suelos son determinantes, y de no ser los adecuados; la plantación pronto lo hará saber.

Si eso llegará a pasar; hay que considerar una inversión extra para el mantenimiento, pues si los suelos no son óptimos, demandará mayor cuidado y nutrición.

Por otro lado; si no hay suficiente humedad, se tendrá que pensar en un sistema de riego, infraestructura que para el productor social resulta impagable con sus propios recursos.

Si la plantación se encuentra lejos de la extractora, debe pagar más de flete.

En resumen, no hay opciones, como todo cultivo se requiere de una serie de prácticas de planeación, preparación y desarrollo estratégico de cada proceso involucrado.

5.8.   Manejo de la plantación

Ya establecido el cultivo, es necesario aplicar un buen plan de manejo, para que la planta se desarrolle y alcance los mayores rendimientos.

Así que el plan debe considerar un control adecuado y además prever las posibles contingencias.

Es importante, sobre todo si se espera que la plantación en modalidad temporal, empiece a producir al tercer año de vida.

Se tienen datos que un buen manejo aunado a las condiciones, son tan importantes que algunas plantaciones de temporal han empezado a producir desde los 2.5 años.

Pero el manejo debe llevarse desde el inicio de la siembra, y después; ser constante durante todo el proceso de vida productiva del palmar.

Por eso, un buen plan inicia desde antes de los trabajos de labranza, debe considerar una siembra estratégica y tener control en el mantenimiento, pues la limpieza, nutrición y un adecuado control fitosanitario son base fundamental.

No obstante; se cree que el manejo de la plantación debe ser con base en los criterios técnicos preestablecidos, lo que es un error; pues también es importante considerar los factores ambientales involucrados.

Es igual de importante vigilar el estado de los bienes ambientales que se involucran, puesto que son elementos importantes.

Así que tan importante es la calidad y variedad de la plántula a sembrar, como la calidad y la disponibilidad del agua, o las condiciones óptimas del suelo.

Precisamente una planeación estratégica debe permitir la producción del cultivo de manera responsable en beneficio del él mismo.

Es por eso que el manejo ambiental también debe ser considerado como parte del proceso de sembrar palma.

El plan debe tener una aplicación rigurosa, ya que de ello depende el éxito de la producción inmediata y en el futuro.

Generalmente, no se ejecuta un plan de manejo estratégico, pues no se consideran los bienes ambientales susceptibles de administración responsable. Sólo se consideran los criterios técnicos, y en muchos casos únicamente se atiende a la plantación si surgen inconvenientes tan evidentes como plagas y enfermedades.

La nutrición se aplica de manera mecánica una vez al año, sin un análisis previo que determine las deficiencias de nutrientes que presente la planta. Si la plantación no presenta problemas visibles, pocas veces es atendida.

5.8.1. Laboreo

El trabajo que se debe realizar en los terrenos para sembrar palma, depende de muchos factores, las condiciones del suelo, del clima, incluso de la economía del productor.

No obstante, si se busca alcanzar el mejor rendimiento, es necesario conocer las necesidades del terreno.

Ya que a pesar que en el trópico húmedo las características de los climas son muy parecidas, existen diversos tipos de suelos.

Lo que incide para que el manejo de la plantación sea diferente en cada caso.

Existen zonas donde los suelos son muy inundables, por lo que es necesario la construcción de drenes para evitar encharcamientos pues pueden provocar el ahogamiento de la planta.

Mientras que en otras zonas, los suelos son muy secos y los periodos de sequía prolongados, lo que no beneficia al desarrollo de la plantación, en ese caso; es necesario auxiliarse de sistemas de riego.

También se observan suelos con elevaciones importantes, donde se hace más difícil el mantenimiento y la retención de humedad.

Por esas razones y muchas otras más, la labranza del cultivo no se puede generalizar, pues cada plantación presenta sus propios desafíos.

Si bien tanto los drenes como el sistema de riego resultan costosos, una selección inadecuada del suelo, más adelante; pude exigir esas infraestructuras.

Si bien es recomendable que tanto los drenes como los sistemas de riego se construyan antes del establecimiento de la plantación, no por ello no se puede hacer durante el desarrollo, aunque con la plantación en campo los costos aumentan.

Cuando ya están los palmares en campo, el esmero personal es la diferencia.

Ya costó establecerla, así que no hay que olvidarse de la atención constante como parte del proceso.

El cajeteo se debe llevar a cabo constantemente, dejar limpia el área en donde está la planta, quitar la maleza y acondicionar el espacio alrededor del tronco de la palma para aprovechar al máximo la humedad y optimizar la fertilización.

Aunque hay que tener cuidado porque dependiendo de la zona; puede ser contraproducente pues el área limpia favorecer a las plagas para un ataque, o incluso se puede acelerar el estrés hídrico.

En algunos campos con palma, debido a los problemas que surgieron los primeros años, ahora cortan la maleza que está alrededor del tronco, con el fin de que no robe nutrientes a la planta, ya cortada se vuelve a colocar alrededor del tronco.

Lo que provoca dos efectos, primero evitar que el tronco quede desprotegido, y segundo; la aportación de un abono natural mediante el proceso de descomposición de los residuos.

Pero existe un inconveniente, quitar la maleza y colocarla como residuos a la planta, genera un costo extra.

Otro laboreo que se debe realizar es el control de maleza, ésta se puede realizar de forma manual o con chapeadora mecánica, pero en algunos casos; se utiliza un control químico.

En algunas plantaciones también se reutilizan los residuos para colocar debajo de la planta, lo que permite una mejor retención de humedad.

Pero en el caso del control de maleza con químicos, no es recomendable, debido a la concentración de tóxicos que se manejan en los herbicidas.

También es necesario el desembejucado manual, es decir; no se debe utilizar instrumentos para corte, para evitar lastimar la planta, pues este es un vector de plagas y enfermedades.

Además de que el control manual puede eficientar la eliminación del bejuco que es muy testarudo para irse.

Los bejucos son plantas parasitas que suelen treparse a la palma y combatirlo puede ser un verdadero problema.

Pues después de cortarlas manualmente se debe recoger todo esa maleza, y en el mejor de los casos; incinerarla, porque cada fragmento que cae al suelo, puede generar raíces y volver a la planta.

En algunas plantaciones, están haciendo uso del control químico como mejor opción para combatirla.

El más usado es el glifosato, un herbicida potencialmente agresivo, un secante no selectivo, por ello; se debe tener cuidado porque un descuido puede matar la palma o lastimar la estructura de los suelos.

De la misma manera se usan químicos inhibidores del crecimiento, para que no sólo se seque la maleza, sino que estás tarden más tiempo en aparecer.

Cada proceso de laboreo tiene sus riesgos biológicos, químicos, económicos, y cada uno de ellos impacta de una u otra forma en la producción de palma aceitera.

5.8.2. Nutrición

Gran parte del proceso de crecimiento y de los rendimientos obtenidos en la palma, dependen de una buena nutrición durante el establecimiento y desarrollo.

Anteriormente los ancestros producían con el proceso natural de crecimiento, es decir; sólo se necesitaba luz solar y los nutrientes del suelo.

Sin embargo ese método ha quedado en las añoranzas como una teoría ancestral.

Y todo porque la capacidad de los suelos ha mermado, los nutrientes ya no son suficientes para obtener los rendimientos esperados, de hecho a veces ni siquiera para crecer.

El problema se ha resuelto aplicando nutrición externa, ya sean químicos u orgánicos; todo con el objetivo de apoyar el proceso de crecimiento y de producción.

Lo que no quiere decir que los suelos no aporten nada, pero en muchas áreas existen deficiencias de minerales que deben ser suplidas.

Porque puede haber suficiente humedad y luz solar, pero los suelos deben aportar minerales para tener éxito.

Pero no es fertilizar por fertilizar; cuando se habla de una buena nutrición, es necesario saber que requiere la planta según la capacidad o deficiencia de los suelos.

Debe quedar claro que una adecuada fertilización no es ponerle mucho, el éxito está en saber que nutriente aportar.

Ni más ni menos; se le debe aplicar a la palma los nutrientes que le aporten lo necesario para un buen desarrollo y rendimiento.

De lo contrario; una aplicación excesiva de fertilizante, lo único que conseguirá es inflar los costos de nutrición e impactar los suelos.

Una sobredosis de fertilización no es sinónimo de mayor rendimiento, por el contrario; se puede lastimar la plantación.

No se trata de poner mucho de todo para tener más éxito, pues los nutrientes químicos también pueden alterar la estructura de los suelos y ser contraproducente para el palmar.

Lo ideal es que la planta tenga los niveles necesarios de nitrógeno (N) fosforo (P) potasio (K) magnesio (Mg) calcio (Ca) cloro (Cl) boro (B).

Por ello es importante el conocimiento básico del cultivo ya establecido, pues cuando la plantación presenta deficiencia de alguno de los nutrientes, da señales específicas de ello.

En ese sentido, si bien un buen plan nutricional debe estar basado en criterios técnicos, también debe atender de manera casuística las deficiencias de los suelos.

Además de todo; una vigilancia constante puede determinar nuevas deficiencias de nutrientes.

Finalmente una buena funcionalidad del plan nutricional, ya sea anual o emergente; se refleja en la plantación y en el rendimiento.

5.8.3. Control fitosanitario

Las plagas y enfermedades son comunes en la agricultura, pero los monocultivos son más sensibles que los cultivos intercalados.

Un buen manejo fitosanitario puede ahorrar problemas y dinero.

El cultivo de palma en cualquier etapa de su vida puede presentar plagas y enfermedades, pero es más sensible los tres primeros años.

Lo que no quiere decir que en la edad adulta no se presenten, en realidad; un mal manejo es un vector de plagas y enfermedades.

El monitoreo constante puede permitir la detección y control a tiempo, por eso siempre se debe estar alerta con la revisión periódica de toda la plantación.

Con el plan de manejo fitosanitario se puede prevenir, y en un caso extremo; atender contingencias.

Sin duda un buen manual de control y contingencia puede hacer la diferencia.

En cambio; un descuido puede acabar con plantaciones enteras.

Este tipo de control por lo general se lleva a cabo con el uso de agroquímicos o trampas que puedan prevenir o combatir el problema.

Por eso es un tema sensible pues una mala aplicación de químicos puede traer impactos negativos a la plantación, la fauna silvestre, los suelos, la atmosfera y la salud humana.

Por ello es necesario un manejo responsable de la sanidad de la plantación.

Los problemas de plagas y enfermedades obedecen a circunstancia de manejo y zonas donde se ubica la plantación.

Cada problema que se presente trae aparejada una complicación económica.

Dentro de las plagas más comunes se encuentran las ratas, picudo negro, defoliadores, el gusano soldado o el cogollero y las tuzas.

5.8.3.1.   Plagas

Los monocultivos son atrayentes naturales para las plagas, como si supieran que hay comida suficiente para largo tiempo.

Si las plagas no se detectan y combaten a tiempo, pueden acabar con la plantación y también poner en riesgo plantaciones aledañas.

Por ello es necesario establecer sistemas de revisión de plagas en todo el cultivo, para ello; el productor debe conocer los criterios técnicos por lo menos de las plagas más comunes.

Al detectar la presencia de las plagas, el combate considera inmediatamente como primera opción el control químico.

Pero en el manejo sanitario, las técnicas de control deben ser diversas, porque el riesgo de una sola puede ser catastrófica, pues las plagas pueden generar resistencia a los químicos en periodos muy cortos, lo que puede agravar en horas el problema.

Además si el único método falla, la plantación se queda sin un procedimiento de ataque; entonces la improvisación puede generar costos extras y la emisión de altas cargas de químico.

Lo que puede dar como resultado la acumulación de residuos químicos afectando el entorno y de antemano volviendo resistente a otras plagas secundarias, que pueden estar prestas para atacar.

Sin contar que con el exceso de químicos o un manejo inadecuado, se pueden atacar bacterias beneficiosas para el crecimiento de la planta.

Es por ello que el plan de manejo sanidad debe considerar varios métodos de atención para varias plagas, por si un falla hay opciones de combatir con otros métodos.

Los defoliadores pueden exterminar las hojas en poco tiempo y la única forma de aniquilarlos es con un ataque inmediato.

Otra plaga muy común son los ácaros, aunque su presencia es fácil de distinguir, pues se observan decoloraciones en las hojas.

La joven planta también es atractiva para los saltamontes y grillos, apetecen sus hojas aún débiles para alimentarse.

También pueden visitar otros insectos, como los homópteros, que de hecho, éstos son vectores de enfermedad.

En la edad adulta, la planta sigue siendo susceptible de plagas como el torito strategus aloeus, son pequeños insectos que durante la noche perforan el suelo, por eso son muy fáciles de detectar, ya que alrededor del tronco dejan un montículo de tierra fresca, generalmente su control es con la aplicación de un insecticida.

Los coleópteros y lepidópteros también son (larvas y gusanos) que causan estragos en la plantación, pueden llegar a provocar defoliaciones severas, se controla con trampas olfativas, aplicando también insecticidas o utilizando control biológico, para combatirlos o ahuyentarlos.

Otros roedores también pueden visitar la plantación, como la rata y la tuza, son plagas muy fuertes de combatir, ya que en las raíces del cultivo está su comida favorita, así que no tan fácil abandonan su manjar.

Por eso se batalla con ellas por muchos años, la mejor manera de combatirla es manteniendo la plantación limpia, fuera de malezas y basura, y en caso de que visiten la plantación se pueden combatir con trampas.

Es importante señalar que los químicos deben utilizarse con responsabilidad para no alterar la fauna benéfica para la planta y los enemigos naturales de las propias plagas.

Podría decir que el mejor control es el biológico, pero ese es otro tema, que necesita de su propio tiempo y espacio para abordar de manera concientizada.

5.8.3.2. Enfermedades

Otro tema que también requiere atención, en la palma se pueden presentar enfermedades de la hoja como cercosporiosis, fusariosis, pudrición común de la flecha-arqueo foliar.

Y la mayoría de estas enfermedades pueden ser secundarias al ataque de plagas que dejan como consecuencia una enfermedad.

Otro vector de enfermedades es la maleza, por ello su control manual, o en su caso; con herbicidas puede funcionar como prevención de enfermedades.

Y es que en el tema de las enfermedades, como cualquier otro problema de los palmares, el mejor cuidado es la prevención.

Pero para ello, es necesaria la revisión constante de la plantación, no se debe esperar al aparecimiento del problema.

No obstante; si la enfermedad aparece, se combate aplicando químicos para la sanidad de la planta.

Es algo parecido a cómo funciona el cuerpo humano, el cuidado basado en atención del cuerpo, una buena alimentación, alejado del estrés en condiciones de paz, una constante revisión clínica, rara vez se enferma y si llegará a enfermar, los tratamientos hacen efecto con más eficiencia.

Por el contrario; un cuerpo mal nutrido, bajo condiciones de estrés, sin activación, sin revisión clínica, sin tomar agua abundante, en un ambiente contaminado, etc., es muy propenso a enfermarse de N cantidad de enfermedades, y aunque también puede haber tratamiento, una cosa desencadena otra.

Pero así como en la salud humana, existe un problema en los palmares, la falta de cuidado basado en la conciencia, aunque otro problema mayor es el factor económico que impide el reconocimiento anticipado.

En la salud humana se requiere recursos para alimentarse adecuadamente, acudir al nosocomio para análisis preventivos, etc., el productor, sobre todo en el sector social; también depende del factor económico para atender su plantación.

Pocas veces hay recursos para aplicar a la prevención, pues como aun no llega el problema no se considera necesario.

Cuando la plantación es visitada por enfermedades mucha de ella muere y se deja ahí mismo en el campo.

Esa planta enferma y muerta, se convierte en vector de contagio, por lo que se debe incinerar de inmediato para evitar la propagación de agentes causales.

Pero se desconoce que cuando se siembran áreas compactas, las plantas se convierten en una familia, que si una enferma, pone en riesgo a las otras.

Finalmente un excelente control de sanidad, evita problemas a la familia de las palmáceas y no se expone la sensibilidad económica del productor.

5.9.   Cosecha

Es uno de los períodos más esperados, no por ello el menos laborioso.

La cosecha es la parte más importante para el productor, pero también requiere una inversión económica para el corte y el traslado.

Se realiza de forma tradicional, o sea; manual, se utilizan bajadores manuales o equipos motorizados que eficiente la corta.

El traslado depende de los caminos, en ocasiones se tiene que hacer uso de carretas y además de camionetas para trasladar el fruto cortado.

En el laboreo de cosecha se han llegado a presentar problemas de picaduras de serpientes (comúnmente cascabel y nabuyaca) que se encuentran arriba de los árboles.

En los primero años el corte es bastante accesible ya que su altura aproximada es de 2m., pero los rendimientos son menores, pues los racimos aún son pequeños.

Al pasar los años, los rendimientos mejoran, pero la plantación alcanza alturas que complican el corte, incluso pone en peligro la vida de los cortadores.

Y como no, si hay racimos que alcanzan 100kg., y deben ser bajados de una altura de 7 metros, incluso hasta más, existe el riesgo de que caigan encima del cortador provocando resultados catastróficos.

Según la experiencia de investigación en campo, se documentaron accidentes con lesiones graves ocasionados por la corta de fruto en plantaciones de alrededor de 17 años de edad, con racimos de 40kg, además de los reportes de picaduras de serpientes con resultados fatales.

Los costos para la cosecha son muy variables, dependen de muchos factores de condición y económicos, pero también del precio de mercado.

Además un accidente puede representar un costo extra no considerado.

En algunos casos cuando el mercado baja los precios, no es redituable el corte, puesto que la ganancia poder ser mínima y si son las primeras cortas, no hay ganancias.

En conclusión, aunque la cosecha puede ser el proceso más esperado, no siempre es sinónimo de ganancia.

CAPÍTULO VI. CONCEPTO DE AGRICULTURA SUSTENTABLE

Se sabe que los cultivos agrícolas tienen impactos económicos, sociales y ambientales importantes.

Siempre ha sido así, pero en este momento esos impactos involucran una sociedad distinta a la de hace 100 años.

Ahora se está ante una sociedad consumista, en el despertar de protección a los derechos humanos, en medio de una revolución científica y tecnológica.

Hay mucho que decir al respeto, pero por ahora lo que interesa es la agricultura sostenible en medio de toda esa vorágine.

Y es que la agricultura se tropieza en medio de un desarrollo económico cada vez más exigente.

Se puede decir que el consumismo va en aumento mientras la producción disminuye.

Una agricultura reinventada acorde a la ciencia y la tecnología que intenta producir afín al nuevo siglo.

Lo cierto es que; en medio de creencias, opiniones y predicciones, se requiere un mayor esfuerzo por entender los conceptos y teorías que se involucran.

Sobre todo, porque cada generación busca su bienestar bajo sus propios enfoques.

En los últimos años; se ha puesto en la balanza a la agricultura y la protección del medio ambiente, de ambas se dice mucho por separado; pero se dice y se sabe tan poco de su inevitable relación.

De esa ponderación, han resultado diversas teorías, unas a favor y otras en contra tanto para la actividad agrícola como para la protección del medio ambiente.

Y cada vez aumenta la necesidad de alcanzar un punto donde se puedan sostener ambas posiciones sin destruir una por otra.

Nada fácil de conseguir cuando la actividad agrícola promete seguridad alimentaria y economías, y por otro lado; la biodiversidad promete factores naturales como el agua y el oxígeno, que son de primera necesidad para la vida.

En medio de tal conflicto, no se puede dejar de producir ni tampoco se puede dejar de proteger la biodiversidad.

Porque si se tuviera que decir por una, de cualquier manera se afectaría a la vida humana.

Esa es la razón principal por la se debe armonizar a la actividad agrícola con la protección al medio ambiente.

Para ello los principios básicos que rigen la protección del entorno, pueden ser aliados importantes.

En mi libro "La Hermenéusis de los Principios Rectores Ambientales en México" señalo que es mejor y menos costos prevenir que reparar, pues cuando no existe la seguridad de un daño, esa misma incertidumbre es un daño potencial, y desde luego que; en cualquier momento se puede convertir en realidad. (pág. 118)

Como también señalo que si "si existen indicios de daños, sin necesidad de probarlo; se deben tomar acciones preventivas, pues bajo el principio de precaución la cautela debe prevalecer" *Ídem.*

Se ha analizado que el cultivo de palma aceitera posee un grado de incertidumbre respecto a su relación con el entorno natural.

Pero las recomendaciones basadas en opiniones subjetivas no son la solución.

Aunque en este caso; el desarrollo sustentable puede ser una alternativa.

Si bien es un proceso, también es considerado un principio rector de protección al medio ambiente.

Claro que como lo señalo en La Hermenéusis de los Principios Rectores Ambientales en México, el principio de sostenibilidad es un proceso obligado para un buen desarrollo, pero "se enfrenta a una serie de desafíos y a otros factores externos que impiden su aplicación exacta" (pág. 174).

Es evidente que existe una batalla entre la protección del medio ambiente y el cultivo de palma.

Por lo que se requiere de un análisis con el fin de determinar qué tan sustentable puede ser este cultivo en el trópico húmedo.

6.1.   El desarrollo sustentable o sostenible

El término desarrollo sostenible, fue utilizado por primera vez en el Informe de Brundtland, se definió como "aquel que satisface las necesidades del presente sin comprometer las necesidades de las futuras generaciones"[37]

Derivado de esa primera definición, algunos autores lo han abordado como desarrollo sostenido y otros como desarrollo sustentable.

Pero ambos tienen la finalidad de buscar las mejores alternativas de desarrollo, para respetar sobre todo los recursos para las generaciones futuras, sin que eso implique el sacrificio de las generaciones presentes.

La comisión mundial sobre el medio ambiente y el desarrollo[38] señaló que dentro de las preocupaciones comunes está "un futuro amenazado" y el centro del problema es el desarrollo ilimitado, por lo que se debe buscar estrategias equilibradas, basados en que los seres humanos tienen derecho a una vida saludable y productiva en armonía con la naturaleza. Y a fin de alcanzar el desarrollo sostenible, la protección del medio ambiente debe constituirse parte integrante del proceso de desarrollo, pues no puede considerarse en forma aislada.

La Declaración de Rio señala que hablar de un desarrollo sostenible; es definir ese derecho que tienen los Estados soberanos de aprovechar sus recursos, pero debe velar porque las actividades no causen daños al

---

[37] Naciones Unidad. Informe de la Comisión Mundial sobre Medio Ambiente y Desarrollo, denominado "Nuestro Futuro Común", (Our Common Future en inglés), conocido también como el Informe Brundtland. realizado en 1987.

[38] SCJN. Declaración de Río sobre el Desarrollo y el Medio Ambiente. Compilación de instrumentos Internacionales, sobre protección de la persona, aplicables en México. Tomo IV Derechos Ambientales. SCJN. 2012. p. 2451

ambiente, por ello éste tiene la obligación de cuidar que el desarrollo se ejerza de forma equitativa con las necesidades ambientales, respetando las generaciones futuras.

Otras teorías abordadas, "refieren la necesidad del crecimiento de la población, la industria y la agricultura, pero deben realizarse de modo que permita a la presente generación satisfacer sus necesidades sin dañar las generaciones futuras" (Instituto de Investigaciones Jurídicas de la UNAM, 1998, p. 118)

La intención del desarrollo sustentable no es limitar la vida presente, sino que busca una alianza entre el desarrollo humano con el medio ambiente, basado en el respeto y cuidado para que las generaciones futuras también lo disfruten.

Pues la sustentabilidad es "la unión entre el medio ambiente y el desarrollo, con la finalidad de buscar un nuevo modelo de desarrollo basado en la sana utilización de los recursos para la satisfacción de las necesidades actuales y futuras de la sociedad" (Bustamante Alsina, s.f., p. 43)

Básicamente un desarrollo sustentable es el que satisface las necesidades actuales de las personas, sin comprometer la capacidad de las futuras generaciones para satisfacer las suyas. "Vive y deja vivir; produce y transforma lo que necesites con respeto por la naturaleza, las personas y las leyes; sólo procura que sea lo justo; piensa siempre en los demás" (Semarnat, 2003, p. 13)

Desde una perspectiva más jurídica, también se reconoce como "Un proceso evaluable mediante criterios e indicadores de carácter ambiental, económico y social que tiende a mejorar la calidad de vida y la productividad de las personas, que se funda en medidas apropiadas de preservación del equilibrio ecológico, protección del ambiente y aprovechamiento de recursos naturales, de manera que no se comprometa la satisfacción de las necesidades de las generaciones futuras"[39]

Pareciera que con todo este galanteo jurídico, el problema está resuelto, pero la realidad se ve con la poca evidencia que se tiene en la materialización.

Quizás un poco por lo que señala Gamband "El desarrollo sustentable apareció con cierto dejo de romanticismo, como si hubiera estado pensado para tranquilizar las conciencias, pero la sustentabilidad es tratar de continuar desarrollándose y desarrollando las economías de los países del mismo modo, pero cuidando que el modo altere lo menos posible el medio ambiente. (Gamband, 2012, pp. 42,43)

Ese enfoque debe afianzarse a un punto de acuerdo, usar con responsabilidad los recursos de la naturaleza pensando en las generaciones futuras.

Hay que alejarse la teoría de que el concepto de sostenibilidad surge para tranquilizar la conciencia, pues tal enunciado cada vez cobra más vigencia.

Por otro lado algunos autores señalan que la sustentabilidad "se fundamenta en las necesidades y deseos de los seres humanos, resumiendo estos es salud, seguridad económica y felicidad, como los principales elementos que permiten evaluar la calidad de vida de un individuo o comunidad" (Moreno y Chaparro Ávila, 2008, pág. 7)

Lo que tiene sentido, partiendo de que el medio ambiente es un todo,

---

[39] H. Congreso de la Unión. Ley General del Equilibrio Ecológico y Protección al Ambiente. Recuperado de: http://www.diputados.gob.mx/LeyesBiblio/ref/lgeepa.htm. consultado en enero 2016.

donde yace la economía de un País y es precisamente eso; lo que hace que cada vez sea más vulnerable a los caprichos del ser humano, por lo que resulta complejo definir el desarrollo sustentable bajo una concepción puramente ambiental.

Aun así considero que el desarrollo sustentable es el uso adecuado y racional de los recursos naturales de la tierra, las generaciones presentes deben responsabilizarse de utilizar con estricto respecto, pues el uso debe ser sostenido para preservar el planeta y las generaciones futuras puedan disfrutar de todos los elementos naturales.

Este modelo debe ser pensado para todas las actividades que el ser humano realiza, pensando en su propio bienestar.

Pues no existe hasta ahora ninguna actividad humana que no se relacione con los recursos naturales de la tierra, si bien algunas influyen en mayor grado; todas se relacionan con los factores ambientales.

Una de las actividades más debatidas en este tema, es la agricultura; se busca determinar qué tan armónica es con la naturaleza.

Como ya se mencionó, existen cultivos que demandan más recursos naturales que otros; incluso en mejor calidad y mayor cantidad.

Sin embargo el desarrollo sustentable no trata de la aceptación o negación de una actividad que puede impactar al medio ambiente.

Si bien es un punto de partida, el concepto va más allá de ello, pues se busca el respeto de la naturaleza en relación con la humanidad, pero también el respeto de la humanidad en relación con las actividades antrópicas que se realizan a costa de los factores ambientales.

Con ello se debe entender que la sustentabilidad involucra la vida integral del ser humano, es decir; que tan eficiente es para prevalecer el respeto entre los seres humanos en temas de salud, económicos, sociales, ambientales, culturales, de desarrollo, alimentarios, etc.

6.2.   La agricultura sustentable o sostenible

Cuando se habla de agricultura sostenible, se piensa en alternativas de producción amigables con el entorno.

Es un tema bastante ambiciosos en términos ambientales, pero si se ve desde una perspectiva económica, algunos pueden limitar la definición.

De cualquiera manera, el significado es simple; se debe producir para garantizar la seguridad alimentaria y la dignidad humana del presente, pensando siempre en las generaciones futuras.

En un sentido estricto, cualquier cultivo es sustentable siempre y cuando, respete las siguientes condiciones.

Debe mejorar los factores ambientales y los recursos naturales que involucra para subsistir.

Necesariamente debe contribuir a la seguridad alimentaria básica.

Otra vertiente que debe tomarse en cuenta, es su viabilidad económica y su influencia en el mejoramiento de la calidad de vida de los entes involucrados.

Además permitir mejoras en las alternativas de desarrollo y la aplicación de tecnologías que eficiente el manejo de los recursos naturales.

Su sistema de producción debe tener la capacidad de mantener la productividad y rentabilidad sin afectar los ambientes naturales. Ser perfectamente capaz de garantizar la renovación de los recursos naturales al finalizar su ciclo de vida, lo que conlleva a que debe tener un plan de acción a largo plazo. Es decir; debe ser perfectamente capaz de proteger la salud ambiental. Es inevitable que favorezca el bienestar social y la paz de los entes directos e indirectos.

Al mismo tiempo proteger y mejorar la vida de los productores, campesinos y pobladores de las regiones agrícolas.

A parte de ser competente para satisfacer las necesidades de las generaciones presentes y futuras sin comprometer los recursos naturales.

Es necesario que la actividad en cuestión contribuya a la disminución de la pobreza y el hambre.

Indefinidamente debe hacer un uso eficiente del suelo y agua.

Pero por las condiciones de la sociedad contemporánea, además debe tener un sistema legal de protección integral adecuado.

Esas son las características que debe tener un cultivo agrícola sustentable y es la única manera de ser armónico con el planeta.

Ahora bien; ese es el dilema principal de la palma, para muchos es sustentable, para otros no.

Así está en medio de estigmas y aportaciones políticas, económicas, ecologistas, sociales, etc.

Pero es necesario determinar sus condiciones, y la única forma es a través de su análisis FODA.

Todos queremos saber lo que el cultivo dejará a su paso, y probablemente, por ahora, no se pueda identificar, pero sí las señales positivas y negativas que el cultivo trae consigo.

Aunque la palma en México es muy reciente, los últimos años ha sido objeto de debates; donde se dice que atenta contra la seguridad de muchos ecosistemas y la seguridad alimentaria.

Pero por otro lado; los criterios técnicos ofrecen rendimientos atractivos para la economía, además de que su cadena productiva resulta atrayente para diversas industrias.

Sin embargo; para determinar el grado de armonía con el medio ambiente, es necesario determinar su análisis normativo y FODA.

Pues como cualquier otra actividad tiene fortalezas, oportunidades, debilidades y amenazas, y como todo cultivo agrícola, se sustenta de los recursos naturales de la tierra.

Lo que se pretende es que al final, el mismo lector tenga su propia opinión sobre la viabilidad del cultivo, desde una perspectiva sustentable.

Pero no puedo dejar de decir que; nada donde el costo ambiental y social sea mayor a los beneficios económicos, puede ser sostenible.

CAPÍTULO VII: SITUACIÓN ACTUAL Y PERSPECTIVAS FUTURAS DEL CULTIVO DE LA PALMA AFRICANA DE ACEITE EN MÉXICO.

En México el cultivo de palma de aceite es muy reciente y a pesar de ser una plantación longeva; se ha establecido con muy poco control normativo y conocimiento técnico; sobre todo en las plantaciones del sector social.

Aunque no existe un marco normativo especifico que controle el proceso que se realiza para establecer en el cultivo, existen normas que señalan métodos y procedimientos del uso del suelo, manejo de químicos y uso eficiente del agua.

Algo muy general que se debe observan en cualquier tipo de cultivo, independientemente de sus características técnicas.

Pero la palma representa un singular cambio en la agricultura mexicana, por ello; es necesario analizar la regulación al caso concreto.

Esto como medida de seguridad para el campo mexicano, campesinos y protección a la tierra, tomando en cuenta la explotación de los suelos de forma intensiva y extensiva.

Además en algunos casos; la explotación de los suelos se está dando por empresas extranjeras.

7.1.   Análisis Normativo

El cultivo de palma, se ha convertido en un tema de interés colectivo, de hecho; ya se ha notado la falta de normalización que regule el establecimiento de la plantación.

Por ejemplo, la Ley General de Equilibro Ecológico y Protección al Ambiente, (LGEEPA) reglamentaria y considerada base fundamental del marco normativo ambiental en México, fue creada en 1988 y ocho años después sufrió una importante reforma, tratando de garantizar la protección integral del medio ambiente.

En la reforma de 1996 la LGEEPA convirtió en su principal objeto la tutela del medio ambiente, a través de la preservación y restauración del equilibrio ecológico, así como a la protección al ambiente, en el territorio nacional y las zonas sobre las que la nación ejerce su soberanía y jurisdicción.

Es el fundamento de una gran cantidad de legislación ambiental, que se van adecuando dependiendo de las necesidades.

Sin embargo es de interés denotar que dentro de su contenido no señala propiamente un procedimiento o mecanismos para tratar el tema de inclusión y aceptación de un nuevo cultivo a los campos agrícolas.

Únicamente señala el interés de proteger los aprovechamientos agrícolas, preservar y aprovechar sustentablemente los suelos.

Quizás por ser ley general o tal vez por falta de actualizaciones legislativas adecuadas a las necesidades actuales.

No obstante en los numerales 103 y 104 que a la letra dice: *ARTÍCULO 103.- Quienes realicen actividades agrícolas y pecuarias deberán llevar a cabo las prácticas de preservación, aprovechamiento sustentable y restauración necesarias para evitar la degradación del suelo y desequilibrios ecológicos y, en su caso, lograr su rehabilitación, en los términos de lo dispuesto por ésta y las demás leyes aplicables.*
104.- La Secretaría promoverá ante la Secretaría de Agricultura, Ganadería, Desarrollo Rural, Pesca y Alimentación y las demás dependencias y entidades competentes, la introducción y generalización de prácticas de protección y restauración de los suelos en las actividades agropecuarias, así como la realización de estudios de impacto ambiental que deben realizar previo al otorgamiento de autorizaciones para efectuar cambios del uso del suelo, cuando existan elementos que permitan prever grave deterioro de los suelos afectados y del equilibrio ecológico de la zona[40]
Se faculta a la Secretaría de Agricultura y demás entidades competentes, para que actué acorde a las prácticas de protección y restauración de los suelos. Además de que da atribuciones a la Semarnat para emitir permisos de cambio de uso de suelo, así como solicitar y validar evaluaciones de impacto ambiental (EIA).

En ese sentido, se puede decir que para obtener un permiso de cambio de uso de suelo, se debe desarrollar una evaluación de impacto ambiental.

La LGEEPA también señala que garantiza el derecho de las comunidades, incluyendo a los pueblos indígenas, a la protección, preservación, uso y aprovechamiento sustentable de los recursos naturales y la salvaguarda y uso de la biodiversidad, de acuerdo a lo que determine la Ley y otros ordenamientos aplicables.

Estos dos fragmentos, hasta ahora; son los que pueden determinar si el cultivo de palma es viable para su establecimiento en ciertas áreas.

---

[40] DOF. 05-06-2018. Ley General de Equilibrio y Protección al Ambiente, véase liga: http://www.diputados.gob.mx/LeyesBiblio/pdf/148_050618.pdf

Y si se aplica de forma eficiente, podría funcionar.

Creo que en tratándose de la viabilidad del cultivo de palma, la evaluación de impacto ambiental es un instrumento con un grado alto de funcionabilidad.

Lo cierto es que no se ha solicitado dentro de los requisitos para sembrar palma.

Me parece una buena alternativa que debe aplicarse en cualquier actividad que se tenga la presunción de un daño, tal como lo señala la misma ley "La EIA se debe ejecutar en las actividades que pueda causar desequilibrio ecológico o rebasar los límites y condiciones establecidos en las disposiciones aplicables para proteger el ambiente y preservar y restaurar los ecosistemas" (LGEEPA 2017, artículo 28)

De ese modo; cualquier persona que tenga la intención de hacer cambio de uso de suelo, está obligada a presentar una EIA.

Inclusive si es zona de influencia forestal tal como lo refiere (la Ley General de Desarrollo Forestal Sustentable, 2013), la SEMARNAT está facultada para expedir permisos para el cambio de uso de suelos.

Pero la Ley Forestal es muy clara en señalar que uno de los objetivos es "evitar que el cambio de uso de suelo con fines agropecuarios o de cualquier otra índole afecte su permanencia y potencialidad" (LGDFR, 2017, p. 2)

Por otro lado los Estados involucrados no dicen mucho respeto a las condiciones del cultivo de palma en su regulación interna.

Pero tarde o temprano deberá regularse, pues los criterios de la (Mesa Redonda sobre el Aceite de Palma Sostenible, 2013), por sus siglas en inglés RSPO, establece una serie de acciones y la necesidad de una regulación.

Es necesaria una certificación del cultivo para que se pueda hablar de un cultivo agrícola sostenible, estableciendo que, para que el cultivador pueda certificarse debe cumplir con los ocho principios siguientes:

1. *Compromiso con la transparencia*
2. *Cumplimiento con las leyes y regulaciones aplicables*
3. *Compromiso con la viabilidad económica y financiera de largo plazo*
4. *Uso apropiado de las mejores prácticas para cultivadores y procesadores*
5. *Responsabilidad ambiental y conservación de los recursos naturales y la biodiversidad*
6. *Consideración responsable de los empleados, individuos y comunidades por los cultivadores y procesadores*
7. *Desarrollo responsable de nuevas siembras*
8. *Compromiso con la mejora continua en áreas claves de la actividad.*

Si bien es una certificación que pretende garantizar un cultivo sostenible, y que la población objetivo son las personas jurídicamente organizadas, es decir; la certificación individual no está considerada, los productores individuales deberán reunir una serie de requisitos para poder vender la cosecha.

Tan es así que la (RSPO, 2015) emitió una guía para gestores de grupos con la finalidad de que los pequeños productores independientes, debidamente organizados puedan realizar la gestión de altos valores de conservación.

La situación requiere atención normativa para lograr una producción sostenible, pues de lo contrario; en el futuro el productor se puede ver en apuros. Así que es necesario establecer criterios técnicos-normativos, que señale los niveles o estándares de calidad de la producción.

Ya que si México quiere certificar el cultivo ante la RSPO, esta debe empezar por estandarizar los métodos de selección de sus suelos con entera responsabilidad ambiental y un buen manejo de su plantación.

Un trabajo que requiere esfuerzo y dedicación de todos los entes involucrados, sociedad, Estado, agricultor, jornalero, empresario.

Es necesario contar con normativa más precisa regule cada acción en pro del desarrollo sustentable.

7.1. Análisis FODA del cultivo

La palma tiene ventajas y oportunidades económicas para el productor y el desarrollo. Pero también desventajas que pueden representar costos económicos, sociales y ambientales, lo que representa debilidades y amenazas para los entes involucrados y para el medio ambiente.

Es por ello que en los últimos años, se ha convertido en el tema central de un sinfín de debates.

Donde muchas veces es protagonista, otras tantas; antagonista del bienestar social, económico y ambiental.

Verdades o mentiras, lo único cierto es que hoy es una realidad agrícola para el trópico húmedo, ya se rebasan las 100 mil hectáreas de palma; y se espera que la superficie siga incrementando.

Aunque se escuchan comentarios negativos, aun así; la superficie sigue incrementando.

El análisis FODA permite conocer las realidades del cultivo, partiendo de ahí; se puede observar sus beneficios pero también sus costos.

Incluso desde su FODA se puede determinar si el cultivo es sustentable.

Es menester hacer mención que para que un cultivo sea sostenible, sus beneficios integrales deben ser mayores a los costos.

Partiendo de ello, la palma si bien ha sido analizada por sus principales fortalezas y oportunidades, es necesario conocer sus debilidades y amenazas.

7.1.1. Las fortalezas del cultivo de palma

El cultivo es reconocido en primer lugar por el impacto económico, que a su vez; trasciende en ámbitos sociales y políticos.

Su relación con la economía y el desarrollo son sus mayores fortalezas.

Sus rendimientos representan una nueva forma de ver la agricultura.

Lo que lleva a una promesa de cambio de vida para el productor, que por años ha sembrado otros cultivos con adversidades y con rendimientos económicos no muy representativos.

Además de que promete empleos fijos en las pequeñas localidades, existe una ventaja de establecerlo en el trópico húmedo, pues sé favorece de las condiciones climáticas.

7.1.1.1.   Fortalezas económicas

El factor económico es el principal motivo por el que se está sembrando, remplazando otras actividades así como otros cultivos cíclicos o perennes.

Promete atractivos rendimientos, y con la expectativa de que; el palmar a partir de los tres años de vida produce constante durante tres décadas.

Por ende; ofrece ingresos constantes, lo que representa un cambio de vida para el productor.

De hecho en un esquema de temporal, sus rendimientos tienen una proyección alta.

Y en modalidad de riego el rendimiento se incrementa al doble.

A diferencia de otros cultivos, permite varias cosechas anuales.

Actualmente la producción tiene un mercado garantizado, lo que impide que la cosecha se desperdicie, como pasa como otros cultivos.

Sus frutos son poco perecederos, lo que favorece a la hora del corte y entrega de la producción.

Si bien puede tener mermas, el índice es menor al que representan otros cultivos. Su edad es muy longeva, se establece por una sola vez y por largos años se cosechan los frutos.

La industria palmera va en aumento, lo que permite estabilidad en el mercado.

Su cadena productiva es bastante amplia, por ello es un cultivo apreciado por diversas industrias.

Los residuos naturales que se genera con el bagazo del fruto se pueden utilizar para sistemas de alimentación animal con alto contenido nutricional y reduciendo costos a los ganaderos.

Igualmente los residuos generados por la poda y bagazo del fruto, pueden procesarse como compostaje para nutrición de la misma planta y el costo es menor a los fertilizantes tradicionales.

7.1.1.2.   Fortalezas políticas

El cultivo ha venido a calmar muchos reclamos sociales y laborales de los pequeños productores.

De hecho apareció a finales de la década de los 90`s como una política económica del gobierno mexicano, apoyando al productor con recursos económicos para el establecimiento de la plantación y posteriormente para el mantenimiento de la misma.

Además es fuente de empleos permanentes para los lugareños que viven con el jornal diario.

Aunado a lo anterior, la introducción de inversión extrajera para la siembra de palma, ha generado divisas inmediatas.

Incluyendo los arrendamientos y sub-arrendamientos de predios ejidales y de la propiedad privada, que han generado a los propietarios ingresos permanentes.

Se ha reconocido al cultivo como un proyecto ambicioso para el sector agroindustrial, pues en los últimos años, en varios lugares se han colocado extractoras de aceite, que prometen proteger la producción y el trabajo de los campesinos en campo y de los obreros que trabajan en las extractoras.

Es así como el cultivo promete mejorar la calidad de vida de las comunidades, durante el establecimiento, mantenimiento, producción y procesamiento.

7.1.1.3.   Fortalezas ambientales

Su relación con el medio ambiente, es sin duda; el tema de mayor sensibilidad para el cultivo.

Aunque mucho se dice de ello bajo un enfoque ecológico, no se pude negar que al ser un cultivo perenne tiene sus bondades con el entorno.

Con ello, no quiero decir que la palma sea amigable con el medioambiente, mucho menos que sea sustentable, pues para determinarlo es necesario el análisis FODA en su totalidad.

Primero quiero hacer énfasis en la actividad ganadera, la práctica más común es intensiva y extensiva, es decir; los productores la llevan a cabo en pastoreo intensivo utilizando grandes cantidades de terreno para mantener sus hatos ganaderos.

Históricamente es una de las principales actividades responsable de la deforestación, que en los últimos años se ha revelado su costo.

Y por diversas razones, para muchos la actividad dejó de ser rentable, así que sin más; se han abandonado los campos ganaderos o se están subutilizando.

México no ha sido inmune a ello, existen miles de hectáreas descampadas para ganadería y muchas de ellas abandonadas.

Por ello; dentro de las políticas públicas el establecimiento de la palma, debe hacer en esos terrenos deforestados y explotados por la ganadería, que se encuentran abandonados, o si la actividad no es redituable, se puede hacer cambio de actividad, incluso de cultivo.

Y porque señalo esto, porque sólo si eso ocurre de manera estricta, se puede hablar de que el cultivo representa fortalezas para el medio ambiente.

Pues es bien sabido que; si el cultivo se establece en las áreas deforestadas, primeramente recupera la cobertura vegetal.

Pero existen otros fenómenos a los que la plantación puede coadyuvar de manera beneficiosa.

Por ejemplo; los troncos de la plantación sirven de barrera en las épocas de abundantes precipitaciones al frenar las escorrentías.

Al mismo tiempo; sus raíces retienen grandes cantidades de agua, ambos procesos evitan inundaciones en las localidades cercanas.

Si bien su cobertura vegetal mejora la vista paisajística, también disminuye la contaminación atmosférica al detener las partículas suspendidas, y de no frenarlas; por la acción del viento pueden viajar distancias muy largas.

Aparte de que la plantación sirve de cortina rompe viento, es decir; hace una barrera que reduce la velocidad del viento, protegiendo los suelos, evitando la erosión eólica y conservando mejor humedad.

Definitivamente contribuye a la absorción del dióxido de carbono generado por otras actividades.

Y sobre todo genera oxígeno, aunque el porcentaje es mucho menor al que genera un árbol; si se siembra en terrenos deforestados su aportación es muy positiva.

Finalmente en ese contexto, cada una de sus aportaciones puede ser beneficiosas para la vida.

7.1.1.4. Fortalezas sociales

Desde una perspectiva social el cultivo también tiene ciertos beneficios donde se involucra a la localidad.

Genera mayores ingresos a los productores, estos tienen mejores oportunidades para abastecer sus necesidades básicas.

La derrama económica involucra a la sociedad, pues al generar más oportunidades de empleo, disminuye el desplazamiento de los pobladores que emigran a otros lugares en busca de empleo para el sustento de su familia.

Con dicho cultivo el productor genera trabajo permanente, por lo menos una persona por cada 2 hectáreas establecidas.

La localidad tiene representación nacional como productor del cultivo.

Las políticas del gobierno pueden favorecer a sus comunidades con los programas de apoyo para el establecimiento y mantenimiento del cultivo.

Definitivamente el impacto social de la palma, representa una nueva oportunidad, no sólo para los productores; sino también para la localidad y sus integrantes.

7.1.2. Las oportunidades del cultivo de palma

Cada escenario que se presenta al ser humano es una alternativa de la cual siempre puede sacar el mejor provecho de ella.

El sujeto desde que inició una búsqueda constante de desarrollo, ha aplicado esa filosofía de vida, beneficiándose de cada circunstancia.

La actividad agrícola depende de muchos factores donde no intervine la mano humana, por ello puede ser muy cambiante, aun así; es irremplazable para la sociedad y puede aprovecharse de muchas formas.

El cultivo tiene buenas oportunidades para el sujeto, obviamente desde diferentes enfoques.

Aunque cada versión se sustenta en sus propias razones, pero sobre todo; en la condición humana.

7.1.2.1. Oportunidades económicas

La mejor definición de porqué sembrar el cultivo, es por mucho; las oportunidades económicas que oferta.

Para el economista el tema central es el rendimiento económico que representa, no sólo para el productor, sino también para el empresario, la industria, el inversionista, etc.

Pues desde la representación de la economía como ciencia que estudia la satisfacción de las necesidades humanas, este opta por los bienes que ofrecen mejores oportunidades para alcanzar esa satisfacción, que no podría ser de otra manera más que monetaria.

En ese sentido, el cultivo, a pesar de que se tiene documentado que requiere de una inversión fuerte para establecerlo y mantenerlo, tiene dividendos importantes.

A partir del año 5 el productor empieza a ver sus ganancias, incluso disminuyendo el esfuerzo y la inversión económica.

Así que es una opción económica nada despreciable para el campesino, teniendo en cuenta que por años éste ha trabajado cultivos con rendimientos económicos muy por debajo de esta nueva propuesta.

Otra oportunidad es la inversión extranjera en los terrenos ejidales, pues genera divisas a los campesinos, por lo menos 25 años por la renta de sus tierras. Además el incremento del mercado potencial, pues los consumidores de aceites vegetales cada vez demandan más materia prima.

Desde esta perspectiva, gana el jornalero, el productor, la localidad, el inversionista, y la industria se beneficia con materia prima más barata que otras oleaginosas.

7.1.2.2. Oportunidades sociales

La sociedad se forma de un conjunto de adaptaciones generales, económicas, culturales, psicológicas, ambientales, laborales, etc.

Desde esa filosofía, para un sociólogo el cultivo representa oportunidades sociales importantes, ya que el funcionamiento óptimo de una sociedad depende de la estabilidad laboral y por ende, económica generada de una colectividad.

Una población, independientemente de la cultura; requiere de ciertos factores sociales que den certeza en la alimentación, vestido, calzado, vivienda de una sociedad determinada.

De ese modo el fenómeno de producción genera un impacto social importante, pues tiene mucho que ver con el bienestar de una población.

En ese sentido, el cultivo representa seguridad social al prometer empleos permanentes, por lo menos durante tres décadas.

Lo que permite la integración familiar, pues se disminuye la migración de los lugareños.

Además existe disponibilidad de mano de obra para trabajar en las plantaciones y permite la inclusión de la mano de obra femenina y de jóvenes estudiantes.

El conjunto social genera nuevas oportunidades para beneficio de la colectividad, de tal forma que coadyuva en un proceso de bienestar.

Es decir; el productor genera empleos, los empleos impactan en la comunidad y directamente en las familias, la prosperidad de la familia impacta en la sociedad.

De ese modo; se puede estimular el crecimiento social.

7.1.2.3.   Oportunidades agrícolas

Las oportunidades agrícolas que representa el cultivo son diversas y variadas.

No está demás señalar que la agricultura de los últimos años ha representado retos para el agricultor.

El factor clima es uno de sus principales desafíos, máxime cuando se establece en condiciones de temporal.

Bajo ese régimen hídrico, es difícil establecer un cultivo que se sustente y prospere con los cambios climáticos.

El productor enfrenta adversidades climatológicas, con un futuro incierto para sus cultivos.

A pesar de la variante del factor climático, la palma tiene características edafoclimáticas que se favorecen de los climas tropicales.

Incluso es muy resistente a los climas extremos, por eso representa nuevas oportunidades para el campo agrícola del trópico húmedo.

Esto se debe a que los suelos tienen las características necesarias de humedad y temperatura que promete al cultivo un desarrollo en una modalidad de temporal soportando cambios de temperatura extremos sin que afecte la vida de la plantación.

Si bien las condiciones climáticas extremas pueden repercutir en el rendimiento, la plantación es muy resistente, puede afectarse los primeros años de vida, pero ya arraigada la planta difícilmente se pone en riesgo.

Diferente a otros cultivos cíclicos en la modalidad de temporal, que pueden ser muy vulnerables a la variación de los climas.

El laboreo se favorece con las áreas compactas, pues se ahorran recursos humanos y económicos.

Además de que es un cultivo con alta demanda en el mercado nacional e internacional.

Prácticamente se cosecha durante todo el año, una propuesta inmejorable.

El trópico húmedo posee suelos propicios para el cultivo, lo que es una alternativa interesante para los productores de esas zonas.

7.1.2.4. Oportunidades ambientales

La única oportunidad ambiental que puede presentar el cultivo de palma, es la recuperación de cobertura vegetal por lo menos los próximos 30 años a su establecimiento.

Como consecuencia de ello; la generación de oxígeno, que si se compara con los bosques naturales, sólo puede generar hasta un 30%.

Sus copas pueden capturar gases de efecto invernadero y pequeñas partículas que se encuentran suspendidas en la atmosfera.

Además de que puede disminuir las inundaciones de las localidades cercanas y evitar la erosión de los suelos. Todo eso; si se establece en las áreas ganaderas deforestadas, de lo contrario, no representa ninguna oportunidad.

7.1.3. Las debilidades del cultivo de palma

Una debilidad, trae aparejado un riesgo, que potencializado puede convertirse en un problema. Como todo cultivo agrícola; la palma tiene serias dependencias con los recursos naturales de la tierra y los factores climáticos.

Incluso el factor climático es su mayor debilidad, sobre todo cuando el cultivo se establece en la modalidad de temporal.

Ya que depende en todo momento de las precipitaciones y de las temperaturas anuales.

Pero además de las debilidades climáticas, el cultivo enfrenta otras peculiaridades relacionadas con lo económico, social y ambiental.

Tanto que representan riesgos latentes para el cultivo, los suelos y por ende para el productor.

Aunque como ya se dijo, la palma puede ser muy resistente a los climas extremos; cuando se enfrenta a dichos fenómenos repercute en la producción.

Los 3 primeros años de vida, es más susceptible a una sequía que puede sofocarla hasta ser la ruina del cultivo.

Además la planta joven es más vulnerable a las plagas y enfermedades que pueden exterminar la plantación.

Otra de las debilidades que ha provocado muchos problemas, es el desconocimiento técnico del cultivo. Conjuntamente la falta de una planeación para atender los primeros años de vida del cultivo, puede provocar el abandono,

Finalmente es un cultivo tendencioso a impactar la economía del productor.

7.1.3.1.　Debilidades económicas

Como ya se ha señalado para establecer una hectárea de palma se requiere de una alta inversión económica.

Y no solo para el establecimiento, pues el mantenimiento, incluso la cosecha también demanda disponibilidad de recursos.

Es por eso que los costos pueden desalentar al productor, sobre todo al pequeño productor; pues son los que presentan mayor dificultad en la disponibilidad de recursos.

Establecerlo y mantenerlo sin apoyo, puede resultar un costo elevado o impagable para un productor social. Además de que se está produciendo un producto que no es auto consumible y no hay variación para ello.

Es decir; la producción debe ser estrictamente comercializada, ya que necesitan de un proceso de trasformación, que lo hace depender de un mercado muy fluctuante.

Otra debilidad es que los apoyos gubernamentales son indeterminadas, por lo que el productor debe contar con recursos propios para establecerlo y darle manteamiento.

En ese caso; el sector social, por lo general no cuenta con un flujo económico constante.

Lo que incita a que el establecimiento y el mantenimiento, dependan por lo menos los primeros 5 años de vida; de programas gubernamentales, que a su vez; al estar supeditados a techos presupuestales no resuelven el problema.

Además de todo; el fruto es muy apetecible para una gran diversidad de fauna silvestre. Lo que puede incrementar los costos para vigilar que la fauna no dañe los racimos, pues de ser así; habrá merma en los rendimientos. Incluso algunos visitantes son vectores de enfermedades.

Otro inconveniente es el desconocimiento técnico y de los costos del cultivo, pues son problemas económicos futuros.

Ya que un manejo equivocado del cultivo se traduce en mayores costos.

Las complicaciones económicas pueden observarse los primeros 5 años de vida de la plantación, tanto que en ese lapso mucha plantación queda abandonada por falta de recursos para mantenerla.

Ya que si bien es cierto; la plantación empieza a producir generalmente al tercer año, no es menos cierto que las ganancias se ven hasta el año 5.

Lo que no quiere decir que después de 5 años, las dificultades económicas estén resueltas, pues un mal manejo, en cualquier momento puede llevar al productor al fracaso.

Se sabe que es un monocultivo muy longevo, pues alcanza los 100 años de vida; pero su vida productiva es hasta los 30 años.

Lo que implica que después de su edad productiva se requiere de un buen manejo de la plantación para recuperar los suelos y seguir produciendo.

Ese manejo de la plantación, genera costos importantes para el productor.

En conclusión los costos por establecerla, mantenerla, cosechar su fruto y al final; el manejo de toda esa plantación, son debilidades que posee el cultivo.

7.1.3.2.   Debilidades sociales

La palma se ha establecido como sector social; es decir; con productores que siembran superficies no mayor a 20 hectáreas, y a mayor escala; por empresarios e inversionistas extranjeros que siembra superficies mayores a 20 hasta 6,000 hectáreas.

Existes muchos asegunes de carácter social en cuanto a la proyección del cultivo, atendiendo a su edad longeva.

El dilema de lo que sucederá con los campesinos del sector social que han sembrado sus pequeños terrenos con palma y que al paso de los años la plantación deja de ser productiva.

La incertidumbre de las condiciones en las que los terrenos arrendados tendrán 3 décadas después, al finalizar la obligación contractual.

Cuál es el manejo que el productor le dará a la plantación, después de los 30 años de producción.

Otro problema que se ha presentado y que debilita el sostenimiento del cultivo es la posesión legal del terreno y la situación laboral de los trabajadores.

En algunos países como Colombia se han presentado problemas fuertes por la disputa de las tierras para la siembra de palmas.

Mientras que en México la modalidad de la tenencia de la tierra aún no está al 100% definida, lo que crea una incertidumbre social en la regulación de la misma.

Aunado a lo anterior, el arrendamiento y subarrendamiento es un fenómeno que representa soluciones económicas inmediatas para los propietarios de terrenos, pero se desconoce el futuro de esos suelos.

De lo cual se desprende el problema de la falta de conocimiento jurídico de las condiciones de la tierra, pero también técnico, es decir; las condiciones que demanda el cultivo.

No así, los campesinos formalizan arrendamientos de sus tierras, sobre todo de tenencia ejidal y de uso común, únicamente por los ingresos que percibirán.

Los arrendamientos o subarrendamientos se celebran entre 25 y 31 años, lo que puede traer consecuencias desconocidas para el productor.

Por ejemplo; con el paso de los años se convertirá en un problema económico y social para el propietario del predio, pues no le generará ningún beneficio una plantación estéril.

En el caso de las plantaciones que se establecen en predios arrendados, donde por sus características; requieren de la construcción de drenes, después de la vigencia del contrato tendrá dos problemas.

Una plantación improductiva y el predio con drenes que atraviesan los terrenos.

Para reestablecer esos suelos, le tocará al dueño del predio invertir miles de pesos y pueda reutilizarlos, si es que el grado de fertilidad aún se los permite.

Pues los inquilinos arrendan o subarrendar los predios generalmente por 31 años, en ese tiempo; se explotan, usa y goza de los suelos, habrá que esperar que pase ese periodo, para evaluar las condiciones en las que se dejaran los suelos.

Una situación que pone en desventaja económica y productiva, sobre todo a los campesinos que arrendan sus predios.

Otro tema es la seguridad de los trabajadores, este cultivo tiene características especiales que ponen en constante riesgo su salud, piquetes de víboras, accidentes en el corte de fruto.

De hecho; en algunos lugares existe inconformidad por la falta de seguridad social para los trabajadores.

Además de que la falta de agrupación de los productores sociales, aumenta el riesgo de que los precios fluctúen en su perjuicio.

Son diversas las situaciones que adelgazan cada vez más las posibilidades de que la actividad prospere sin afectaciones sociales.

7.1.3.3.   Debilidades agrícolas

El cultivo de palma, sobre todo en modalidad de temporal; tiene sus aristas para establecerlo y lograr que produzca.

Su principal amenaza, son los cambios climáticos que en los últimos años enfrenta toda actividad humana.

Cuando el cultivo se ha establecido en temporal, depende de las condiciones climáticas adecuadas para su establecimiento, crecimiento y producción.

Es decir; está en manos del comportamiento de la naturaleza y de la bonanza de una buena precipitación anual.

Sin embargo esas condiciones; los últimos años son impredecibles, situación que no favorece a la agricultura en general.

De hecho la palma requiere lluvias abundantes para que se genere la humedad necesaria y la planta se desarrolle sin estrés hídrico.

Pero el clima debe ser equilibrado, ya que si las precipitaciones anuales sobrepasan los límites permitidos por la plantación, también genera conflicto en su desarrollo y producción.

La lluvia y el sol son factores que la planta necesita para desarrollar de forma óptima en una modalidad de temporal, pero tales circunstancias resultan difíciles de controlar.

El problema reside en los cambios extremos que se viven en las últimas décadas.

Lo que quiere decir que si las precipitaciones anuales son las correctas pero no hay suficiente temperatura, el rendimiento disminuye.

Mientras que si la lluvia es escasa y la sequía prolongada, los rendimientos también disminuyen.

Por otro lado si el exceso de precipitaciones genera encharcamientos, la plantación puede no tolerarla, lo que también disminuye el rendimiento.

Por lo que basado en las proyecciones climáticas de los últimos años, el clima es una debilidad para cultivar palma en modalidad de temporal.

Incluso puede ser también para la modalidad de riego, pues la falta luz solar o el exceso de precipitaciones pueden disminuir la producción.

Aunado a lo anterior; al ser un monocultivo favorece la visita de las plagas y enfermedades. Puede debilitar los suelos pues como todo monocultivo, demandan los mismos nutrientes durante mucho tiempo.

Un mal manejo fitosanitario y de nutrición, puede poner en apuros la fertilidad de los suelos, disminuyendo la producción y afectando la economía.

Los costos de los insumos también son debilidades que amenazan el mantenimiento de la plantación.

El desconocimiento técnico del cultivo y los bajos o nulos niveles de capacitación al sector social.

7.1.3.4. Debilidades ambientales

Un tema comentado y debatido por los sistemas mediáticos, la sociedad, el economista, el agricultor, el ecologista, el inversionista, etc.

Se dice mucho de sus bonanzas, pero muy poco de su relación con el medio ambiente.

Incluso los debates no tienen un punto de encuentro, por un lado; desde una perspectiva ambiental se dramatiza el panorama.

Mientras que desde lo económico se presenta un escenario que minimiza cualquier posibilidad de riesgo ambiental.

Lo cierto es que, así como se expuso que el cultivo posee fortalezas ambientales; cuando se habla de impactos, se debe exponer cualquier interrelación ambiental.

Existen muchos episodios que vulneran el medio ambiente, lo que disminuye las oportunidades del cultivo.

No es para nada oculto que respecto a su relación con el entorno, tiene sus propias debilidades, que hasta ahora; no se han podido evitar, ya sea por lo costoso, o porque pueden parecer no visibles.

Aunque no lo parezca o se diga que no, una de sus mayores debilidades es la oportunidad para deforestar extensas áreas boscosas.

Pues al ser un monocultivo, lo ideal es que se establezcan en áreas compactas para facilitar las prácticas agrícolas.

Los datos históricos en los campos agrícolas indican que la superficie donde se siembra cultivos tradicionales y de autoconsumo no rebasan las 5 hectáreas.

En el caso de los palmicultores sociales, generalmente son campesinos sin flujo de efectivo, que siembran superficies menores.

En el caso de la palma, no es muy redituable superficies menores a las 5 hectáreas, puesto que el laboreo es costoso.

Por lo general las superficies que el sector social está sembrando oscilan entre 5 y 20 hectáreas.

Todo esto resulta un dato curioso, sobre todo cuando las plantaciones del sector privado están establecidas en áreas compactas.

Si bien el programa de establecimiento del cultivo para el trópico húmedo, parte de que se debe reforestar las zonas ganaderas, existe un gran riesgo de incrementar la deforestación.

Además, aun reforestando áreas ganaderas y que es un cultivo bastante longevo, bajo ninguna circunstancia se asimila a la funciones de los bosques.

Porque si bien el cultivo se ve como reforestación porque puede vivir hasta 100 años, no se compara con las funciones de los bosques.

Por el contrario, es un monocultivo que demanda los mismos nutrientes del suelo durante muchos años, lo que puede llegar a disminuir su fertilidad o modificar su estructura.

Además de que su establecimiento tiene una intención altamente gravable, por ello; se hace énfasis a los rendimientos y para conseguirlo; se exige de los suelos todos los nutrientes posibles.

Demanda un manejo fitosanitario donde se vierte al suelo una diversidad de químicos altamente tóxicos.

Aun y pensando que se estable en áreas deforestadas, se modifica la biodiversidad de la flora y fauna silvestre, y el uso de grandes cantidades de químicos puede irrumpir en la cadena alimenticia.

Su edad productiva sólo son 3 décadas, pasado ese tiempo; se debe volver a deforestar toda el área, para reactivar la agricultura.

Se corre el riesgo de incrementar el abandono de los terrenos, sobre todo los arrendados; una vez terminada la vigencia del contrato; el dueño del terreno no tiene la economía disponible para activar de nuevo los terrenos.

7.1.4. Las amenazas del cultivo de palma

Una amenaza se puede materializar con el mínimo riesgo y desde luego convertirse en problema.

El cultivo puede ser muy bueno, pero desde el punto de vista que se quiera ver; tiene sus riesgos, que puede concretar la teoría de perder-perder.

Es muy cierto que cualquier cultivo agrícola tiene sus riesgos potenciales, pero varían por mucho las implicaciones.

En ese sentido; la palma presenta muchas discrepancias en cuanto al costo-beneficio.

Y es que las amenazas del cultivo pueden acontecer por acciones u omisiones, por desconocimiento del manejo del cultivo o por la apatía de cuidar los recursos naturales.

Conductas que toman la característica de amenazas económicas, ambientales y sociales, donde los afectados pueden ser muchos.

7.1.4.1. Amenazas económicas

Estas son diversas, independientemente de los productores sociales e inversionistas, pues los daños son proporcionales al que los recibe.

Una mala planeación económica puede amenazar la productividad de la plantación.

Una contingencia de plagas o enfermedades puede generar el agotamiento de los recursos para afrontarla.

Los cambios climáticos también pueden ser inclementes para el cultivo.

Los primeros 3 años los riesgos aumentan porque hay que invertir sin ganancias, así que se debe contar con recursos suficientes, incluso para las eventualidades.

Además de que la plantación está más vulnerable a los climas, plagas y enfermedades.

Después de establecerla, los años siguientes el productor requiere invertir en un mantenimiento adecuado para que la plantación crezca sin competencia, evitando a toda costa las plagas o enfermedades.

En este panorama, no es muy alentador que el productor social dependa de subsidios para establecer la plantación y apoyarse en el mantenimiento y la nutrición.

Pero que se le va hacer si el productor social no tiene un flujo constante de efectivo, así que le toca depender del apoyo gubernamental.

El inconveniente es que si no recibe la contribución del gobierno, estará en serios problemas; puede que tenga que abandonar la plantación únicamente a los nutrientes que los suelos le aporten.

Si la aportación de los minerales es generosa, estará de suerte, y si no; su plantación no prosperará.

Aun y con suerte; no es que tenga resuelto el problema, pues la falta de recursos para un mantenimiento adecuado, puede provocar el ataque de plagas y enfermedades y la invasión de malezas que luego le costará más controlar.

Cualquiera de esos factores puede determinar la pérdida de la plantación.

Si la suerte le acompaña, el palmar crecerá, pero ante una plantación débil, existen pocas probabilidades de obtener un buen rendimiento.

Pero que crezca y le dé un rendimiento bajo no es el problema, es el origen de un problema, pues la planta sin un plan nutricional absorberá de forma más acelerada los nutrientes naturales.

Más adelante le demandará más nutrientes y más recursos, si el flujo de efectivo sigue la espera de un subsidio, seguirá esperanzado a los nutrientes del suelo.

Y se hace un ciclo de espera de apoyo gubernamental y esperanza de lo que el suelo tenga para darle.

En esa mecánica, el escenario no es alentador, hay muchas posibilidades de que el palmar se pierda junto con la inversión y los suelos queden exhaustos.

Otro panorama es que la desesperación le lleve al arrendamiento de sus predios con la plantación establecida, como ha sucedido; que se han arrendado predios con plantación de 3 años para que el arrendatario lo explote.

Por ello, existe la amenaza de que el productor, apenas al inicio del camino; abandone la plantación por falta de recursos para el mantenimiento, perdiendo toda su inversión.

La falta de una proyección económica anticipada, aunado a la falta de conocimientos técnicos y económicos, repercute en una amenaza económica futura.

Pues teniendo los recursos para mantenimiento, la falta de conocimiento y capacitación técnica, también influye.

Por ejemplo; en la aplicación de la nutrición a la planta, cada productor realiza sus fórmulas y cantidades dependiendo de lo que él considera o puede comprar.

Esa situación puede provocar intoxicación a la planta al verterle un nutriente que tal vez no necesita, en este sentido la amenaza económica es un riesgo ya que el productor invierte dinero de más para comprar fertilizantes innecesarios.

Aunado a lo anterior, la consecuencia de aplicar nutrientes sin diagnóstico adecuado, el productor puede provocar estrés al palmar ocasionando riesgos para el desarrollo óptimo de la plantación.

También el control fitosanitario puede ser un problema cuando se desconocen los criterios técnicos, pues una mala aplicación puede provocar la pérdida de la plantación.

En otro escenario; la mala aplicación de fungicidas, plaguicidas, insecticidas; puede generar la inmunidad de las plagas.

Además el cultivo, cuando empieza a producir alberga una gran cantidad de animales de la vida silvestre que degustan del fruto, lo que amenaza el rendimiento del cultivo e incluso algunos pueden ser vectores de enfermedades.

De lo contrario si quiere evadir esas mermas, tiene que hacer uso de trampas o venenos para exterminar la fauna que ataca los racimos, pero de igual forma significan inversiones económicas.

Otro problema que cada vez más se convierte en una amenaza latente es el descontrol climático, ya que la planta está expuesta a sequías extremas o precipitaciones abundantes, que en cualquiera de los dos supuestos, los rendimientos resultas afectados.

Asociado a lo anterior, el cultivo genera impactos en otras actividades como la apicultura y la ganadería, pues la palma no es armónica con ninguno de estas dos actividades.

Además de que al segundo año de vida no son compatibles con prácticas de cultivos intercalados, provocando que el productor dependa de sólo de un cultivo.

7.1.4.2. Amenazas ambientales

Cualquier cultivo agrícola al involucrar bienes ambientales, representa una amenaza latente al medio ambiente.

Pero las prácticas de algunos cultivos pueden ser potencialmente más agresivos que otros.

En este sentido; la palma tiene características que lo posicionan como poco amigable con el medio natural.

Incluso muchas de sus fortalezas y oportunidades económicas, son factores que se aproximan a un problema ambiental.

Pues las jugosas ganancias inciden en el aumento de deforestación para sembrar nuevas plantaciones.

Y es justo una de sus principales amenazas, la pérdida de la biodiversidad por plantaciones en áreas boscosas.

Sembrar palma supone deforestación de áreas extensas, explotación intensiva y extensiva de los terrenos que por años han sido el sustento autóctono de las localidades indígenas o del sector rural.

Pero tal demolición en masa de las áreas boscosas, o acahualadas genera una situación de vulnerabilidad inmediata y directa a la biodiversidad y un impacto a la vista paisajística y natural del hábitat en donde se resguardan grandes cantidades de especies tanto de flora como de fauna.

A consecuencia de la tala la fauna silvestre emigra si antes no son cazados.

La falta de conocimiento de los criterios técnicos del cultivo, puede propiciar varios problemas ambientales, primero porque es un cultivo muy longevo y segundo porque es un monocultivo.

Lo que quiere decir que por 30 años se establece en áreas grandes una sola especie, lo que incita al ataque de diversas plagas y al incremento del uso de plaguicidas para su control, lo que provoca la sensibilización a la contaminación química del agua y el suelo.

Pareciera minúsculo pero la selección de los suelos tiene mucho que ver en los problemas ambientales que se pudieron prever.

Generalmente el productor desconoce el procedimiento para realizar un análisis de suelo, pero desafortunadamente la contratación de un especialista le supone costos extras.

Por lo que establece el palmar en áreas al azar, puede que le atine, puede que no, lo sabrá durante el desarrollo de la plantación.

Pero aquí no hay cabida para los acertijos, pues una selección inadecuada de los suelos, se convierte en un problema ambiental irreparable, sobre todo; si se ha deforestado.

Si elige suelos con poca permeabilidad la plantación no prosperará o le tendrá que invertir más recursos para nutrición, lo cual puede provocar la salinidad por el uso en demasía de fertilizantes.

Sí los suelos son inundables, si están cerca de humedales, ríos, lagos, las plantaciones pueden ser vectores importantes de contaminación.

Y empeora las condiciones si las plantaciones están cerca de los yacimientos de agua y se construyen drenes, pues los químicos pueden contaminar a través de las escorrentías.

La vida productiva de la plantación hace evidente el desgaste acelerado de los suelos al tener que exigir los mismos nutrientes durante 3 décadas y absorber químicos durante el mismo tiempo.

Pues en ese periodo, se le vierten miles de litros de químicos al suelo con alto grado de toxicidad, que al final debilita la estructura natural.

Por lo que un mal manejo fitosanitario y de nutrición, puede provocar la intoxicación de los suelos.

Incluso debilitar la calidad del agua o contaminar por el exceso de químicos.

Además los suelos requieren de un largo periodo de tiempo para recuperar sus nutrientes de forma natural.

Es por ello que el uso ineficiente del suelo y el agua pueden acabar en desastre.

Es importante recalcar que los Estados que están sembrando palma, tiene en sus territorios importantes humedales, ríos, lagunas, cuerpos de agua que abastecen del líquido vital a la vida en todas sus formas.

Las plantaciones aledañas a esos cuerpos de agua, pueden contaminar por acción u omisión, las corrientes de agua.

Máxime que si la plantación está en una ligera pendiente, las escorrentías naturales pueden generar escurrimientos de los químicos a los ríos contaminando el agua y otras actividades como la pesca.

Además de todo, como monocultivo es susceptible a las plagas, estas pueden llegar a extenderse en las áreas boscosas de los alrededores, afectando el ecosistema.

Pareciera tema distinto, pero aunado a todo; la falta de conocimientos técnicos es un problema que amenaza seriamente los factores ambientales.

Por ejemplo, la falta de un plan nutricional desvanece la posibilidad de un análisis foliar, que permita identificar las deficiencias nutricionales y aplicar sólo los nutrientes que la planta necesita.

En cambio; no sólo se aplicaría nutrientes innecesarios, sino que demás se corre el riego de que la demasía de nutrientes salinice los suelos.

Los cambios climáticos pueden también incidir en que la plantación acelere el daño a la estructura de los suelos.

Pues dentro del proceso de evapotranspiración de la planta, la falta de precipitación puede ser un factor determinante para la pérdida de humedad natural.

Y en los periodos estacionales de sequía, la demanda incesante de humedad para la plantación, puede provocar la erosión de los suelos.

También se puede dar el caso de envenenamiento cruzado de la fauna, es decir; una diversidad de animales degusta del fruto de la plantación, al ser una amenaza para los rendimientos es exterminada con potentes venenos afectando una cadena más extensa de animales silvestres.

Así mismo el manejo del cultivo es generador de importantes cantidades de gases de efecto invernadero.

7.1.4.3.   Amenazas sociales

Existen muchas otras amenazas que de no ser identificadas se pueden convertir en verdaderos problemas sociales.

El cultivo representa un bienestar social, derivado de las importantes derramas económicas, inversiones, empleos que han generado a partir de su aparición en México.

Sin embargo es el sector social el más susceptible de sufrir las amenazas.

Aunque es generador de empleo, las condiciones de contratación de jornaleros, sobre todo en las plantaciones grandes, se hace sin los servicios salubres adecuados, los trabajadores trabajan con la amenaza constante de sufrir accidentes.

Los piquetes de víboras son muy comunes, debido a que la plantación hospeda en sus hojas serpientes venenosas y muchas veces resulta tarde para el trabajador llegar a un hospital.

Otro tema que el cultivo ha evidenciado, es el derecho de propiedad y contractual de las tierras de uso común y ejidales.

Ya que la situación legal de la tenencia de la tierra, genera una incertidumbre social, sobre todo en los casos en donde se ha establecido palma a través de la modalidad de arrendamiento y subarrendamiento.

Tanto los arrendamientos y subarrendamientos que se han celebrado en México, son de una duración de entre 25 y 31 años, pero con pocas seguridades jurídicas para el arrendador.

El propietario del predio cede el uso, goce y disfrute de sus tierras por rentas que van entre 1,000 y 1500 pesos por hectárea, consintiendo el permiso para la trasformación de sus terrenos.

Los contratos no consideran las condiciones en que se deberá reintegrar la tierra al propietario finalizado el periodo de arrendamiento.

Lo que quiere decir que cualquier condiciones de los terrenos debe ser permitida.

Así que es muy probable que pasada las tres décadas, el productor que decidió arrendar sus propiedades recibirá esas tierras con una plantación sin posibilidad de producción, suelos cansados y estresados por el manipuleo constante durante todo el proceso de producción de la palma.

Sin posibilidad de ponerlo a trabajar con otros cultivos ya que además de que el suelo estará agotado, le tocará derribar toda esa plantación que significaría un desmote total que le equivaldría a desembolsar varios miles de pesos.

Además de toda esa vacilación, ya se observan conflictos sociales por la falta de conocimiento del comportamiento del cultivo.

Se observa la violencia como medio por la baja credibilidad de las acciones que se ejecutan para proteger el medio ambiente.

Otro fenómeno es la segmentación de las sociedades rurales.

Y un riesgo que amenaza historias ancestrales por la pérdida de cultivos autóctonos.

Además en México aún existe una limitación del sector social al acceso de la tecnificación del cultivo.

CAPÍTULO VIII: VIABILIDAD DEL CULTIVO EN EL TRÓPICO HÚMEDO

Se dice mucho de su potencial, es cultivo económicamente viable, socialmente provechoso, laboralmente beneficioso, políticamente posible.

Pero el dilema empieza cuando hay que decir si es armónico con el medio natural, se hace un silencio; para no parecer atrevido diciendo que si o diciendo que no.

A pesar de ello; es necesario analizar desde una perspectiva sustentable que tan factible es el cultivo, a corto, mediano y largo plazo.

No se puede cerrar los ojos a la realidad, a fin de cuentas, todas las actividades tienen sus propias ambivalencias.

El caso aquí es que esos valores que se entienden opuestos, al final tengan puntos de encuentro, que inclinen la balanza hacia los beneficios de la humanidad.

Y la fórmula es sencilla, los costos deben ser menores a los beneficios.

8.1. Impactos a corto plazo

Como toda actividad antrópica el cultivo tiene efectos que puede ser buenos pero en contraposición también nocivos a muy corto plazo.

Desde los primeros momentos de la plantación se presentan comportamientos sociales, económicos y ambientales importantes.

Se puede decir que este periodo se comprende desde el momento de la plantación hasta los 5 años de vida.

8.1.1. Efectos positivos a corto plazo

Cuando se establece el cultivo, no todo es malo, ya que también tiene sus bonanzas a corto plazo. El primer resultado es la recuperación de la masa arbórea de los terrenos agropecuarios que en el pasado fueron deforestados para establecer dichas prácticas.

Además puede disminuir las inundaciones en las localidades aledañas, debido a que los palmares absorben agua en grandes cantidades, todo ese líquido ya no llega a los asentamientos humanos.

Es una alternativa para que los suelos puedan utilizarse nuevamente con un cultivo agrícola con mejores rendimientos. Su resistencia a los climas extremos, permite al productor establecerlo en la modalidad de temporal, sin requerir una infraestructura de riego, que por demás está decir, es costosa.

Permite la generación de empleos inmediatos, lo que evita la emigración de los pobladores a otros lados en busca de oportunidades de trabajo.

Finalmente es una oportunidad para el productor y los lugareños, pero también para reactivar los campos agrícolas.

8.1.2. Efectos negativos a corto plazo

Como toda actividad necesita de muchos elementos naturales, lo que puede generar un impacto contrario a lo que se busca.

Definitivamente también tiene impactos inmediatos que deben ser valorados.

Puede ser un cultivo muy noble, pero las condiciones climáticas son un factor que limita al cultivo, con mayor incidencia en modalidad de temporal.

Los fenómenos climáticos pueden influir en la inadaptación de la palma por falta de condicione adecuadas.

Tanto le afecta las abundantes precipitaciones como las sequias prolongadas.

Y si los predios son inundables y además el drenaje de los suelos no favorece, los encharcamientos prolongados afectan gravemente la palma pequeña que no resiste inundaciones extendidas.

Pero si los suelos tienes poca retención de humedad, el estrés hídrico también puede sofocarla.

Controlar esa situación puede ser muy costosa o imposible, debido a que para establecerla se requiere de grandes extensiones de suelos.

Además de que sus prácticas demandan su establecimiento en áreas compactas, para eficientar el manejo.

Otro de los efectos negativos es que se ha incrementado el fenómeno de deforestación, porque aunque se niegue; hay plantaciones que se han sembrado en áreas que no eran agropecuarias.

Además de que existen superficies compactas sembradas entre 100 y 5,000 hectáreas, lo que también influye en la deforestación de las áreas boscosas que se interpongan en el terreno.

Los costos para el establecimiento son altos, lo que supone un problema para el productor social al no tener ingresos fijos.

Lo que supone la venta de bienes adquiridos en el pasado, para tener liquidez tanto para el establecimiento como para el manteamiento de los primeros 3 años de vida de la plantación.

Se requiere de un mercado disponible para vender el fruto que no es auto consumible.

Necesariamente el productor necesita tener otros ingresos para esperar hasta que esta empiece a producir la plantación.

La cosecha no se puede comercializar en un mercado común, por lo que se requiere de un mercado especial para vender la producción.

El cultivo es muy reciente, por lo que existe un desconocimiento en su comportamiento, lo que afecta en muchos factores que se redunda en pérdidas económicas inmediatas.

La falta de experiencia puede incitar a que las cosas salgan mal, ya sea por un manejo inadecuado, la impaciencia o la falta de recursos.

En definitiva todo esto puede lastimar no sólo la economía del productor sino que también al medio ambiente.

Finalmente el proyecto puede concluir en la pérdida o el abandono de la plantación y con una infructuosa deforestación.

8.2. Impactos a mediano plazo

Según los años que el cultivo promete producir, su edad media oscila entre los 5 y 15 años, pero también puede tener sus propias huellas, que puede ser tanto positivas como negativas.

8.2.1. Efectos positivos a mediano plazo

En esta etapa el palmar empieza a producir con ligeras ganancias, aunque pueden presentarse plantaciones jóvenes produciendo con buenos rendimientos, pero ese obsequio obedece a otros factores que ya se ha señalado.

Del modo que sea; el primer efecto positivo que el palmar tiene es en esta etapa, es que al quito año de vida el productor empieza a recuperar su inversión.

La espera termina y básicamente la inversión también, pues si se ha llegado a esta etapa, el palmar es lo suficientemente rentable para pagarse sus propias facturas.

De hecho alcanza su mejor momento en cuanto a rendimientos y por ende en ingresos económicos para el productor.

El manejo constante genera empleos permanentes, además se cosecha durante todo el año.

Al mismo tiempo favorece en otros escenarios, siempre y cuando esa plantación se haya sembrado en terrenos deforestados.

El palmar ha crecido un tamaño importante, así que colabora como barreras en las épocas de abundante precipitación, sus troncos y raíces tienen la capacidad de retener grandes cantidades de agua necesarias para lograr un buen rendimiento.

Ese proceso de frenado y retención del agua que es vertida a los suelos en forma de lluvia, evita inundaciones en las localidades cercanas.

Su follaje absorbe las partículas que se encuentran suspendidas en el aire, lo que ayuda a disminuir la contaminación atmosférica.

Tiene la capacidad de crecer a una importante altura, sus copas unidas y los troncos fuertes reducen la velocidad del viento.

De esa forma sirven de cortinas rompe vientos, lo que contribuye a disminuir o evitar la erosión eólica protegiendo los suelos y conservando la humedad.

Asume una mejora en la vista paisajística de los suelos agropecuarios deforestados, descampados o abandonados.

8.2.2. Efectos negativos a mediano plazo

En esta etapa también se presentan desavenencias que pueden vulnerar otros escenarios.

Con la recuperación de la inversión y las primeras ganancias, puede venir la tentación de aumentar la superficie sobre áreas boscosas.

Lo que no se consideró al principio, ahora se pueden convertir en tropiezos. Es la etapa donde una mala selección de los suelos empieza hacer un dolor de cabeza.

Ya que después 5 años, la planta a extendiendo sus raíces a una profundidad de 80 centímetros, una mala selección puede hacer que tropiece con suelos no muy fértiles como el *sascab[41]*, afectando severamente la producción.

Además de que el productor invierte muchos recursos para mantener la plantación con más nutrientes de los que se requiere en un suelo productivo.

La plantación demanda más agua y más atención nutricional, en ese proceso con un desconocimiento técnico y la tecnificación de la plantación con sistemas de riego, se puede contaminar el agua, dañar los suelos e intoxicar la planta.

A pesar de que el palmar ha alcanzado la madures y es más resistente,

---

[41] Suelos conocidos como tierra blanca usados por los mayas para preparar mezclas para construcción, éstos son muy comunes en el Estado de Campeche y muchas veces no son tan visibles ya que se encuentran a una profundidad de 80 centímetros, por sus características son conocidos como suelos infértiles.

los cambios climáticos en verdad pueden mostrarse inclementes con la plantación.

Incluso a esa edad, el estrés hídrico o la abundante precipitación pueden mermar los rendimientos, pero un huracán puede hacer que colapsen palmares completos.

Aunque ya se tienen ganancias, una mala planeación económica puede costar, por eso; en esta etapa la falta de recursos es un problema latente, sobre todo para afrontar las contingencias.

El uso excesivo de químicos puede contaminar los suelos y el agua, incluso intoxicar la plantación.

En esta etapa aún se puede dar el abandono de la plantación por falta de recursos para mantenimiento.

Si se abandona por el motivo que sea; los terrenos quedan imposibilitados para seguirlos cultivando.

El arrendamiento de los predios ejidales y comunales para obtener recursos inmediatos, si conocer los efectos que el palmar tiene a los suelos.

En el mantenimiento y la cosecha se registran accidentes a los trabajadores, pues la plantación ha llegado a una altura importante.

Existe el riesgo de que en la corta, un racimo caiga sobre los cortadores provocando lesiones con desenlaces fatales, pues dependiendo del manejo; los racimos pueden pesar entre 40 y 80 kilogramos.

La falta de seguridad social de los trabajadores que trabajan con el riesgo de accidentes y piquete de víboras.

La incidencia de explotación laboral, sobre todo de las grandes empresas que están produciendo.

Además se favorece a la disminución de la fauna silvestre, debido a los tóxicos que se usan para combatir las plagas.

En ese proceso, generalmente se usan los venenos más potentes que no seleccionan, pues para salvaguardar el fruto y no afectar los rendimientos, los enemigos como el tejón, puerco de monte, pájaros y roedores, se deben exterminar.

8.3. Impactos a largo plazo

De los 15 años en adelante la plantación está en su apogeo de producción, pero en esta etapa, no se exenta de tener impactos negativos.

La plantación puede continuar con muchos de los riesgos que le implica a su edad media, pero el productor se enfrenta a nuevos acontecimientos.

8.3.1. Efectos positivos a largo plazo

Además de los beneficios de retener humedad, generar oxígeno, su efecto de cortinas rompe viento, ser barrera para las escorrentías pluviales, absorber la contaminación atmosférica y sonora; siempre y cuando; la plantación se haya establecido en suelos deforestados, tiene otras bonanzas.

Por ejemplo, se observa en las economías, pues el cultivo que ha llegado a esta etapa, presenta rendimientos óptimos, su mejor momento, tanto que algunas plantaciones dependiendo del manejo; alcanzan racimos de más de 100 kilogramos.

Los rendimientos son sinónimos de una economía próspera para el productor.

Hay materia prima para un mercado suficiente.

Sigue generando empleos permanentes para los pobladores de las localidades aledañas a la plantación.

8.3.2. Efectos negativos a largo plazo

Los efectos adversos pueden ser tan extensos como variados en esta etapa de la plantación, desde una perspectiva de seguridad social, impacto ambiental y seguridad jurídica.

Después de tantos años de explotación de un monocultivo, los suelos se agotan, aunque la planta esté en producción y con excelentes rendimientos eso no quiere decir que el suelo tiene los nutrientes suficientes.

Cada año agrícola, se incrementa el uso de fertilizantes para que la plantación rinda al máximo, la aplicación de nutrientes químicos son vertidos a los suelos en grandes cantidades, exponiéndolos cada vez más.

Las plantaciones han alcanzado una altura considerable, aumentando los riesgos entre los trabajadores que trabajan por un jornal muy bajo y sin seguridad social.

La explotación laboral a través de la contratación de mano de obra eventual con jornadas excesivas y sin prestaciones.

La técnica de pulverización extermina la flora y la fauna que tienen contacto con los químicos con que se pulveriza.

El uso de glifosatos para la pulverización de la palma para la resiembra, proceso que se lleva a cabo entre el año 10 y 15, los grandes productores utilizan prácticas de resiembra exterminando la planta débil a través de la inyección de glifosato en el tronco de la palma para que se diseque y pulverice.

La tala de palmar al término de su edad productiva, que esta varía entre 25 y 31 años; si bien no deja de producir; la cosecha representa mayores costos que beneficios para el productor.

Puede ser también que se dé el abandono de terrenos con la palma sembrada improductiva.

El agotamiento de los suelos, dependiendo del uso que se le haya dado a los suelos, puede incluso haber quedado infértil.

La sobre explotación de los suelos, que al término de la edad productiva de una plantación, se derriba y se siembra nueva plantación.

La pérdida de la estructura de los suelos muy expuestos por el abuso de químicos.

Terrenos con canales o drenes que requieren de una inversión para reconstruirlos para ser utilizados nuevamente.

La concentración de sales en los drenes o zanjas generadas del manejo de la plantación.

La saturación, el estancamiento y el anegamiento de agua en las zanjas o drenes, son altamente perjudiciales para la flora y fauna.

La incertidumbre jurídica de los propietarios que arrendaron terrenos ejidales y comunales, al final del camino; recuperaran la propiedad pero probablemente no los suelos en condiciones productivas.

Ya que no hay condiciones específicas que determinen como se deben restituir los predios al finalizar la obligación contraída, es decir; en qué condiciones el arrendatario devolverá la posesión de los predios al arrendador, ¿le pagará una cantidad en dinero como indemnización? ¿Derivará por su cuenta el palmar y le entregará al productor los terrenos descampados? si derriba la plantación ¿Qué método utilizará?

¿Restaurará las áreas donde construyó drenes y zanjas? ¿Le cobrará un dinero extra al productor en los casos en donde haya construido infraestructura para riego de la plantación?

El problema es que el propietario no tiene certeza jurídica que le garantice como el arrendatario le regresará su predio, lo que si es cierto es que el predio no se puede devolver como se encontró de origen al momento de la celebración del contrato.

En el trópico húmedo el cultivo en esta extensión que se está dando aun es reciente, pero el tiempo lo dirá.

CAPÍTULO IX: PERSPECTIVAS DEL CULTIVO EN LOS CAMPOS AGRÍCOLAS

Al principio lo que me llevó a conocer los escenarios en campo fue la necesidad de sustentar mi tesis de grado más allá de un marco teórico, sobre todo; por la poca disponibilidad de información.

Sin embargo, me encontré con una realidad que me llevó a una afanosa pretensión.

Si bien lo ideal hubiera sido conocer la realidad en todo el trópico donde se está sembrando palma de aceite, los recursos económicos limitaron esa posibilidad.

Sin embargo se visitó una zona mixta, donde participaron productos y técnicos ubicados en los Estados de Campeche, Tabasco y Chiapas.

A pesar de sembrar el mismo cultivo, descubrí diversos sentimientos encontrados.

Aunque estuve indecisa de como revelar la información, siempre fue mi intención mostrarla al mundo.

Sobre todo porque cada quien tiene sus propias teorías respecto a su escala de valores y experiencias.

Lo que me lleva a concluir que una misma situación tiene tantas hipótesis como personas existen en el mundo.

Si bien es cierto que al final, el fenómeno de estudio puede revelar una problemática, el mayor interés es descubrir una solución.

Al final; en eso se basan los resultados encontrados, que si bien emerger por la falta de estudios previos sobre la incertidumbre del cultivo; se muestran razones suficientes para determinar si el cultivo es o no sustentable.

En ese sentido, la observación de la realidad actual que se vive en los campos, es sin dudarlo; un aporte inmejorable a las teorías.

No puede ser de otra forma; conocer las prácticas en los campos palmeros revela el nivel de conocimiento general y técnico de los entes involucrados.

A partir de las visitas a campo y la aplicación de encuestas y entrevistas, conocí información transcendental para conocer la realidad del cultivo.

Si bien no es la intención explicar la metodología aplicada, el resultado del análisis de fiabilidad fue de .90, que según (Fernández Collado et al., 2014) se considera con un alto grado de confiabilidad, "el instrumento es confiable para recabar información útil y relevante que permita mediadas estables y confiables" *Ídem*

Los instrumentos demostraron el conocimiento general y técnico que, en este momento; se tiene del cultivo.

Además se conoció información sobre las eventualidades a las que el productor se ha enfrentado.

Mientras que las entrevistas complementaron la información obtenida de las encuestas, y que desde luego, al caso concreto; resultó un aporte importante para la investigación.

Sobre todo porque con ambas se determinó el nivel de conocimiento técnico, social, jurídico y ambiental del cultivo, a corto, mediano y largo plazo.

Es importante señalar que la selección de la población y los participantes de las encuestas y entrevistas, fueron del padrón del sistema producto palma, de la Secretaria de Agricultura, Ganadería, Desarrollo Rural, Pesca y Alimentación (2018).

La población muestra dos grupos: el primer grupo; son productores con plantación establecida con diferentes edades; el segundo grupo; contempla productores que ha empezado trabajos para el establecimiento de plantación.

Además de dos grandes categorías, los productores sociales (con superficie de 1 a 20 hectáreas) y los productores de alto rendimiento (sector privado con siembras de 20 hectáreas en adelante)

Las variables y categorías que se tomaron en cuenta, fueron las siguientes: Variables/categorías, participantes e instrumentos, aplicados a productores del cultivo de palma africana de aceite

Variables / categorías	Definición	Actor/participante	Instrumento
Situación del predio	Comprende: -Modalidad -Tenencia -Uso -Preparación del suelo -Superficie total -Superficie con palma	Dirigido a productores sociales e inversionistas nacionales y extranjeros que establecieron o pretenden establecer el cultivo de palma africana de	Entrevista Encuesta

		aceite, en el sureste del Estado de Campeche, México.	
Conocimientos técnicos del cultivo	Comprende: -Costos -Rendimientos -Enfermedades -Plagas -Usos de químicos -Necesidades de fertilización	Dirigido a productores sociales e inversionistas nacionales y extranjeros que establecieron o pretenden establecer el cultivo de palma africana de aceite, en el sureste del Estado de Campeche, México.	Entrevista Encuesta
Necesidades edafoclimáticas del cultivo	Comprende: -Tipos de suelo -Agua -Temperatura	Dirigido a productores sociales e inversionistas nacionales y extranjeros que establecieron o pretenden establecer el cultivo de palma africana de aceite, en el sureste del Estado de Campeche, México.	Entrevista Encuesta
Eventualidades	Comprende: -Problemas presentados -Incidencias	Dirigido a productores sociales e inversionistas	Entrevista Encuesta

		nacionales y extranjeros que establecieron o pretenden establecer el cultivo de palma africana de aceite, en el sureste del Estado de Campeche, México.	

Variables/categorías, participantes e instrumentos, aplicados a técnicos especializados en el cultivo de palma africana de aceite

Variables / categorías	Definición	Actor / participante	Instrumento
Conocimiento y dominio	Comprende: Que tanto conoce del cultivo	Dirigido a ingenieros y técnicos especializados en la capacitación del cultivo de palma africana de aceite, en el trópico húmedo.	Entrevista Encuesta
Conocimientos técnicos del cultivo	Comprende: -Tipos de suelo -Temperatura -Origen del material vegetativo -Rendimientos -Edad promedio en que empieza a producir -Principales plagas y	Dirigido a ingenieros y técnicos especializados en la capacitación del cultivo de palma africana de aceite, en el trópico húmedo.	Entrevista Encuesta

enfermedades -Altura máxima de la planta -Los controles fitosanitarios			
Eventualidades	Comprende: -Manejo del predio cuando la planta ya no produce -La palma y los cultivos intercalados	Dirigido a ingenieros y técnicos especializados en la capacitación del cultivo de palma africana de aceite, en el trópico húmedo.	Entrevista Encuesta
Medio ambiente	Comprende: -Debilidades -Amenazas	Dirigido a ingenieros y técnicos especializados en la capacitación del cultivo de palma africana de aceite, en el trópico húmedo.	Entrevista Encuesta

9.1. Observación en campo

Una de las mejores experiencias en conocer los campos palmeros, donde pude constatar que son diversas condiciones en las que el productor siembra el cultivo.

Me encontré con tantos métodos de manejo del cultivo, como productores existen en el padrón.

Si bien se observan palmares en excelentes condiciones, también hay plantaciones que denotan la falta de conocimiento o quizás de recursos.

Fue fácil llegar a algunos predios, pero en otros fue un tanto más complejo, por lo retirado que se encuentran de las cabeceras municipales y por los caminos de acceso que están en malas condiciones.

De la información obtenida se observa la desigualdad entre el sector social y privado, claro que en cuanto a oportunidades económicas, porque el nivel de conocimiento técnico, los alcances jurídicos y ambientales no presenta mucha diferencia entre uno y otro grupo.

Tal vez porque las plantaciones más antiguas se observan en el sector social y con poco más de una década.

El mayor porcentaje de productores del sector privado, sus cultivos son muy recientes.

9.2.   Encuestas

En estos tiempos no fue fácil aplicar las entrevistas, debido al nivel de desconfianza que existe en la sociedad.

Sin duda me ha costado mucho más trabajo aplicar las encuestas al sector privado, ventajosamente para mí, mi desempeño en la Secretaria de Agricultura, me ha dado un punto de confianza entre los productores.

Así que puedo decir que existe un grado de cordialidad con los productores, tanto del sector social como privado.

Ambos grupos representan el sector palmero, así que no debe aislarse uno de otro.

De la información obtenida se advierte una incidencia de inversionistas extranjeros.

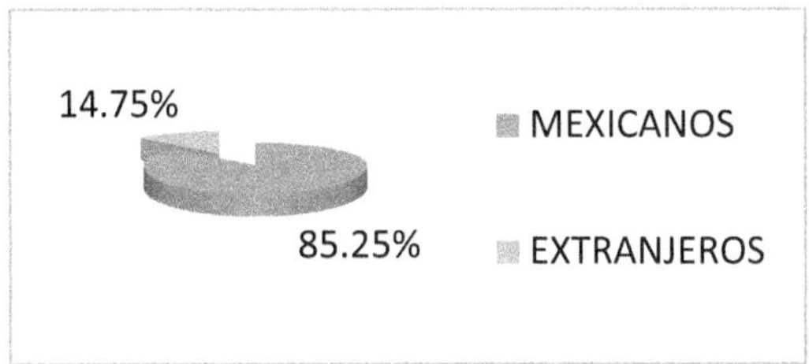

Productores encuestados

Además de que la situación en cuanto a la posesión de la tierra donde hay palma, es compuesta; es decir; terrenos propios, en su mayoría es la situación del sector social; y terrenos arrendados generalmente por extranjeros y una modalidad mixta, es decir productores que han establecido plantación en terrenos propios y en arrendamientos.

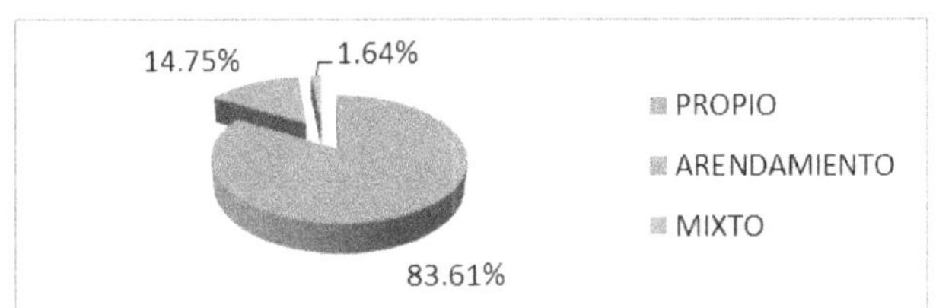

Situación de la posesión de los predios

Otra de las pesquisas encontradas, obedece al comportamiento del cambio de uso de suelo, dado que el cultivo es reciente, así que desde que ha cobrado auge, se observan importantes cambios en el uso de suelo.

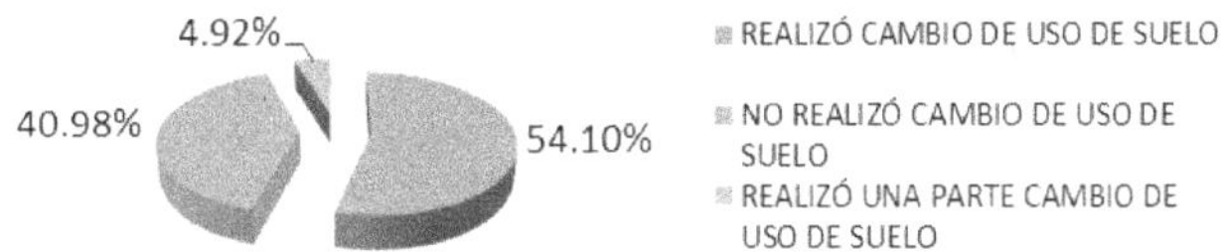

Cambios en el uso de suelo

Cabe señalar que un importante número de productores dijo haber realizado cambio de uso de suelo, ya que anterior a la palma, sus terrenos eran preponderantemente forestal o ganadero.

Mientras que otro número menor realizó parcialmente cambio de uso de suelo, sobre todo; los que se dedicaban a la agricultura en pequeña escala y al establecer palma en una superficie mayor, realizaron cambios de uso de suelo en superficies forestales o donde tenía cultivos cítricos.

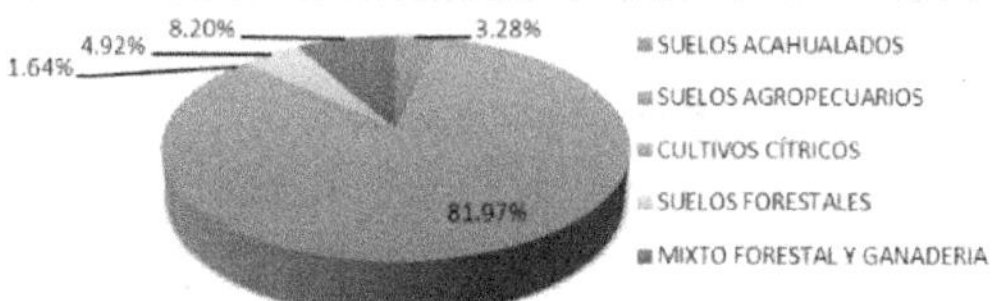

Usos de suelos

La modalidad del cultivo básicamente es sembrada en temporal, se observa que en modalidad de riego es menor, dicho lo cual; la mayoría de los productores dependen de los factores climáticos.

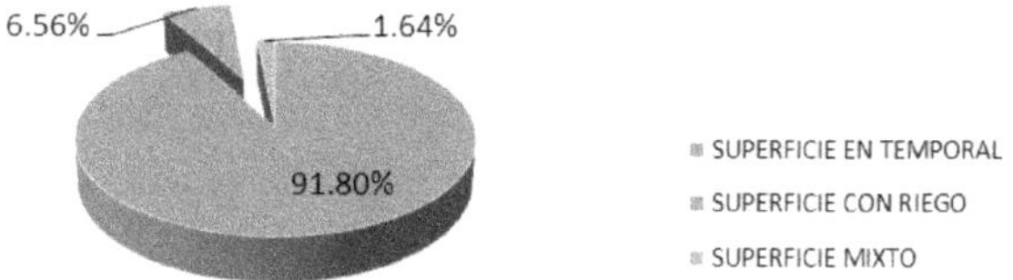

Modalidad de la cultivo

Los cultivos con riego, se observa en un pequeño número de productores, por lo general sector privados; que cuentan con la inversión económica suficiente para establecerlo.

No toda la superficie está en producción, pues es apenas en la última década que el cultivo está en su apogeo.

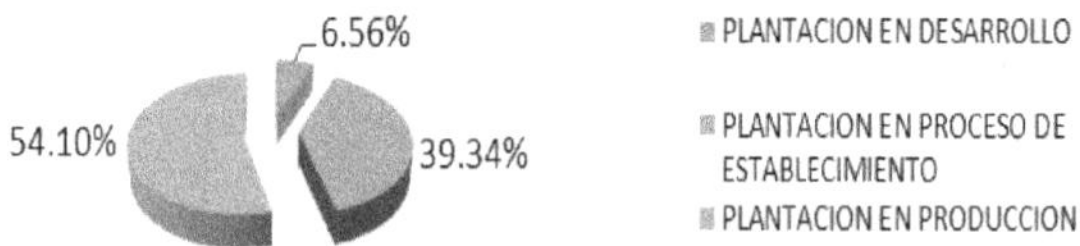

Condiciones de la plantación

Pero la poca superficie en producción, tiene una variación importante por cuestiones de edad, condiciones climáticas y manejo técnico.

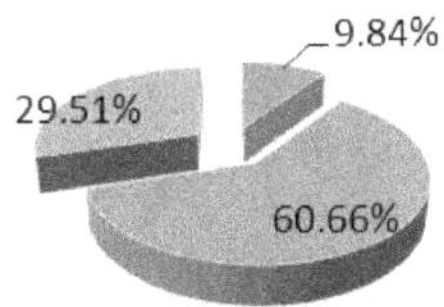

Asistencia técnica

Es evidente la situación que guarda el tema de asesoría técnica, la mayoría de los productores maneja el cultivo sin asesoría especializada.

Por lo general el manejo de la plantación se realiza a través de las lecciones diarias en campo y recomendaciones de los productores que ya tienen más experiencia empírica del cultivo.

Lo que da como resultado un manejo fitosanitario y nutricional *ad hoc* a cada productor, muchas veces sin atender la necesidad de la plantación.

Es muy frecuente que el manejo se supedite a la situación de cada productor.

Así es como el manejo depende del conocimiento empírico, pero sobre todo de las necesidades económicas.

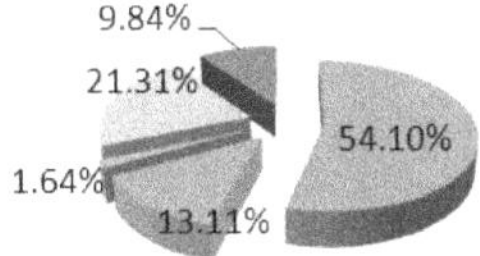

Aplicación de control fitosanitario

De tal observación es menester mencionar que los químicos más utilizados con ingrediente activo como el paraquat y glifosato (no selectivos) se usan por ser los más efectivos para todo tipo de maleza.

También se usan algunos químicos por ser los más económicos del mercado, otros invierten mejor en venenos para las plagas que es donde tienen mayor incidencia.

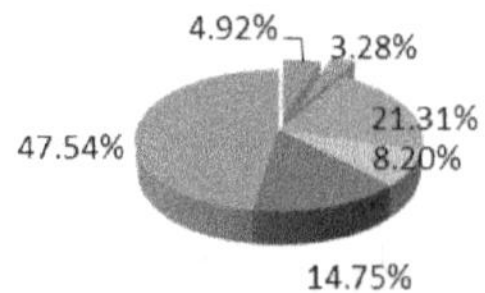

Aplicación de nutrición vegetal

Pero el manejo de la nutrición tampoco es que este mejor, prácticamente obedece a las mimas causas del manejo fitosanitario.

Las necesidades nutricionales de los palmares nunca son los mismos, incluso en un mismo predio.

Pero eso no importa mucho, pues el manejo obedece a las condiciones de cada productor.

Los fertilizantes comerciales usados con mayor frecuencia son triple 17 (NPK), fertilizantes fosforados como 18-46-0 (NP) y fertilizante nitrogenado como la urea (N).

En algunos predios muy escasos también se aplica fertilización de compostaje orgánico (humus) y estiércol de ganado ovino.

En el manejo nutricional, hay productores que desconoce que formula aplicar, por lo que la planta subsiste con los nutrientes del suelo.

En un número muy reducido se tiene un manejo de fertilización según muestreo de suelo y análisis foliar.

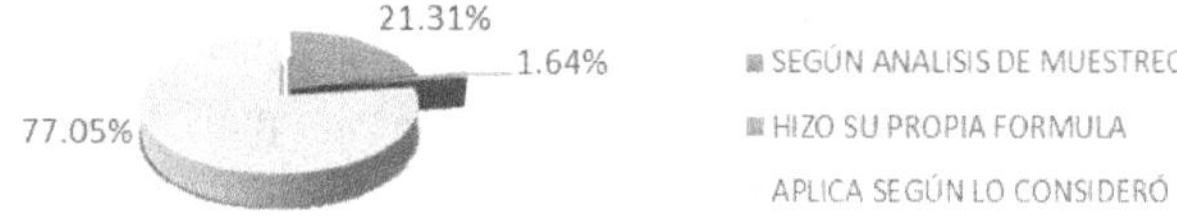

Método de aplicación de fertilizante

Aunque se sabe que el éxito del palmar depende de la adecuada nutrición de la planta y que a su vez, la única forma de saber las necesidades es a través de un estudio de suelo y foliar, pocas veces se hace.

Pero además del manejo, existen otros sucesos que se han convertido en problemas latentes.

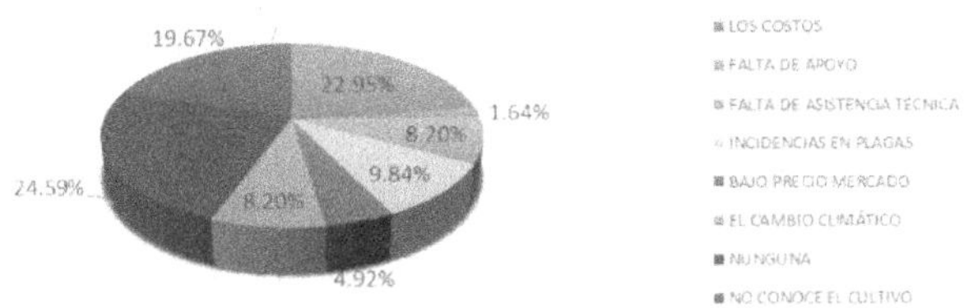

Eventualidades presentadas en el cultivo

Lo que resulta un problema pero no mayor a la falta de recursos, pues los apoyos gubernamentales no son constantes, y además únicamente se apoya al productor con una parte del establecimiento, que consiste en su mayoría en recursos para comprar la plántula y posteriormente es el productor quien tiene que sopesar los gastos del establecimiento y mantenimiento hasta que la palma empiece a producir.

Apoyos gubernamentales al sector palmero

A pesar de ello; existen importantes superficies de palma ya establecidas y otras por establecerse, con el impulso de los rendimientos en campo y ganancias económicas.

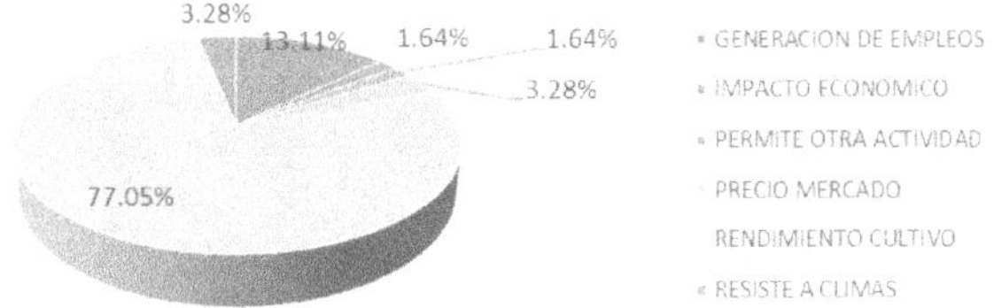

Principales motivos para establecer el cultivo

Paradójicamente; aunque el rendimiento es el principal motivo para sembrar el cultivo, se observa que el productor desconoce la inversión total que requiere para establecerlo y mantenerlo.

Al desconocer esa vertiente, es imposible conocer el rendimiento económico real.

Costos para establecer 1/ha., de palma

Aunado a lo anterior, a pesar de que otro de los motivos para establecerlo es que permite intercalar tras actividades agropecuarias, se observa que muy poco ejecutan otras actividades.

Esto se debe a que se puede llegar a afectar las áreas de cultivo, así que solamente los primeros 2 años de vida de la plantación, en algunos casos ejecutan otras actividades en las áreas donde hay palma.

Actividades intercaladas

Aunque la palma de aceite es un cultivo muy longevo que puede llegar a producir muchas décadas, sólo las primeras 3 son redituables para el productor, por lo que después de ese tiempo el productor debe tomar la decisión de lo qué hará con la plantación.

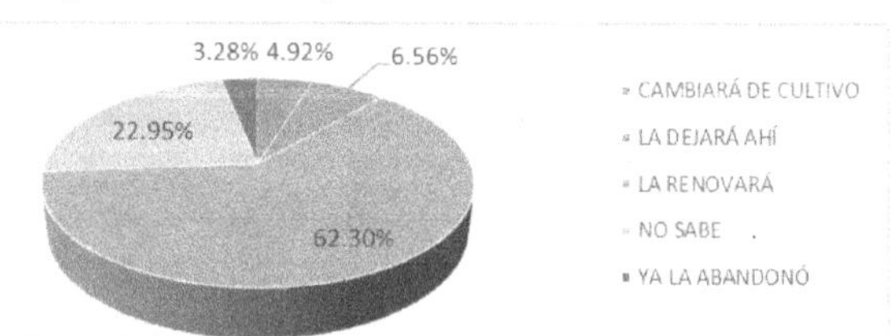

Manejo de la plantación al finalizar el ciclo productivo

9.3.   Entrevistas: Perspectivas técnicas

Si bien son versiones libres y casuísticas, los puntos de vista son de técnicos de México, Colombia, Guatemala y Puerto Rico especializados en el cultivo, y ahora; asesores en el trópico húmedo.

Aunque se le atribuye a ellos; por obvias razones pretenden mantenerse en el anonimato.

Por ello, se omite los nombres de los técnicos que colaboraron, respetuosa de sus decisiones los llevo en mis agradecimientos.

Cada quien en su versión y en su propia experiencia aportó información espontánea y relevante, acorde a sus experiencias en campo.

Lo primero que cada uno de ellos señaló es que la realidad que se vive en los campos, rebasa por mucho la doctrina aprendida en las academias.

Se sale de los cursos queriendo llevar lo aprendido a campo, pero cuando llegas ahí; muy pronto te quedas sin métodos y en cuando de verdad empiezas a estudiar.

Si bien la enseñanza te sirve como regla general, para partir de algo; la realidad es que cada predio y productor tiene sus propias particularidades que hay que conocer y resolver.

Y así debe ser la solución particularizada.

Uno de los primeros escenarios que se observan, es que el productor se enfrenta con problemas desde el establecimiento del cultivo.

Algunos han buscado opciones, mientras que otros; se han quedado en el camino abandonando sus palmares.

La falta de recursos y el desconocimiento básico del comportamiento del cultivo es un problema que agobia, en mayor grado al sector social.

Cuando se visitan los palmares se observan predios con una evidente necesidad de atención técnica.

Tristemente y lo digo así porque me da tristeza ver que otro fenómeno es el abandono de la plantación, que se sustenta en la falta de recursos y conocimientos técnicos.

Y de seguir así; pese a los costos económicos, sociales y ambientales que implicó establecerla, se incrementa el riesgo de dejar en la estacada más superficie.

Lo que se observa en los campos es que la agitación de la siembra fue provocada por la novedad de los rendimientos insuperables y los ganancias económicas, que hasta ahorita siguen esperando.

Y nunca va a suceder sin un buen manejo nutricional y fitosanitario; de eso estoy seguro.

El productor está enfocado en la nobleza del cultivo, y si puede ofrecer 40 toneladas por hectárea y hasta más; pero nadie les dijo que para ello se requiere una atención óptima.

Los productores deben conocer su realidad, pues como la experiencia se los ha hecho saber; todos los cultivos agrícolas traen sus propios riesgos.

Y la palma no es infalible a ellos, así que si alguno hizo cambio de cultivo, pensando en que iba a dejar de sufrir las contingencias, está muy equivocado.

En el caso de la palma; el desconocimiento técnico es su principal riesgo potencial, tanto que pueden perderse plantaciones completas.

Cuando se tiene los recursos para contratar asistencia técnica, el problema está resuelto, pero se no es el caso del sector social que no tiene solvencia económica disponible para sufragar honorarios.

Existen plantaciones de todas las edades, con un sinfín de problemas que es urgen atender.

Y lo digo porque cuando visito los campos observo palmares con problemas de nutrición, plagas y enfermedades, en algunos casos; plantaciones ya muy dañadas.

Aun así, el cultivo es tan noble que no sólo se resiste a morir, sino que se atreve a producir en esas condiciones, claro que sus rendimientos están al 20 o 30% de su capacidad.

Sin duda es una pérdida de tiempo y una verdadera lástima desperdiciar los suelos y la plantación con esos rendimientos paupérrimos.

Si bien tal situación se ha observado tanto en el sector privado como en el social; éste último muestra una mayor incidencia.

Y ante la falta eminente de conocimiento en el manejo de esas eventualidades, ha provocado que el productor se desaliente y desista o que deje la plantación a la bonanza de los suelos.

El escenario que se vive en el sector privado es diferente, con la asesoría técnica se han buscado alternativas para abaratar los costos y disminuir el problema de bajos rendimientos.

Pero sin sacrificar la plantación, es más; se han desarrollado mejores resultados.

Una de las recomendaciones es el uso del humus y compostaje con bagazo, y se hizo en una plantación muy joven, se logró que la plantación empezará a producir con dos fenómenos nuevos para el cultivo.

El primero; empezó a dar fruto a una edad menor, y el segundo; se obtuvieron mayores rendimientos a la que se determina en las generalidades del cultivo.

Si bien la construcción de infraestructura para hacer el humus significó un gasto extra, el productor tenía residuos disponibles, de la misma planta y estiércol de ganado.

Ese proceso consiguió abaratar los costos de nutrición y con mejores resultados.

Claro que el productor tiene los recursos necesarios para la contratación de asesoría especializada y la construcción de infraestructura adecuada para llevar a cabo el proceso de compostaje.

Porque el error más grande que se compete es aplicar directamente los residuos orgánicos a la planta, para aprovechar todos los nutrientes o, incluso; evitar que dañen, necesitan de un proceso.

En el sector social es muy común la aplicación del estiércol de los ovinos sin ningún proceso.

Pero la eficiencia del humo se limita a los productores que puedan amortizar el método correcto.

No se puede igualar las condiciones, pues sin recursos el productor social no puede competir aplicando técnicas eficientes y menos costosas para el cultivo.

El hecho es que los agricultores aún no están preparados para estos procesos, ya sea por la falta de confianza en el compost o por la falta de recursos para elaborarlo de manera adecuada.

Cuando los recursos se agotan y con la plantación establecida; sólo queda la improvisación, y ante las contingencias; puede ser su aliada o su enemiga.

Sin un buen plan de manejo, camina directo hacia el fracaso, o se le muere el palmar, o antes de su ocaso; lo arrenda para que otro lo haga producir.

En el año 2016, visité plantaciones de 5 años que aún no producían, en un acto desesperado se dieron en arrendamiento, si bien estaban en muy malas condiciones; aún se podían rescatar y así fue, se le invirtió mucho recurso pero al final se logró.

Ahora el nuevo inquilino tiene una plantación prospera.

Pero también se visitaron predios agrícolas, ganaderos, y tengo que decirlo; forestales, áreas boscosas de muchos años, para tomar muestras de suelo y conocer sus condiciones de fertilidad.

Me mortifica decir que en todos esos terrenos se sembró palma.

No lo sé de cierto en el sector social, pero tengo la certeza que en el sector privado, hay palma sembrada donde hace una década era bosque.

No es excusa pero venimos de otros países con más experiencia en el cultivo a dar asesoría técnica, creo que la regulación para la siembra es un tema político o gubernamental, no lo sé y me mantengo al margen.

Se dan asesorías técnicas en el Estado de Chiapas, Tabasco y Campeche y en todos los casos existe el fenómeno de arrendamiento de tierras.

Pero que se le puede hacer; si aquí en el trópico no se utilizan las tierras, desconozco los motivos por el cual los campesinos no siembran.

A excepción de Chiapas, a pesar de que hay abundante tierra y condiciones para sembrar cultivos agrícolas, un porcentaje elevado de vegetales, leguminosas y cereales que se consumen son traídos de otros lugares.

Así es como inversión privada nacional y extranjera se ha beneficiado de ese modo de vida, y tanto Colombia como Guatemala y Costa rica, han establecido importantes superficies de palma es estas zonas.

Como era de esperarse, el arrendamiento es para el dueño de la tierra un ingreso fijo anual y sin necesidad de invertir o esperar un cultivo.

Lo que el productor no toma en cuenta al momento de arrendar los predios, es que la plantación tiene importantes cargas para los suelos y la biodiversidad.

Sin contar que otorga permisos para que otros, incluso que no son de su país, derroches sus recursos naturales que después de la edad productiva de la plantación, jamás volverá a verlos igual.

Ahora no lo sabe, pero alguien le debería decir que los costos que le tocará pagar por arrendar sus predios son de difícil recuperación económica.

Y como no, si es tan evidente que al producir un monocultivo por 30 años, los suelos van perdiendo sus minerales y se van empobreciendo.

Unos cuantos pesos para pagar facturas ahora, no le servirán de mucho al finalizar el contrato.

El cultivo es bueno, pero si se lleva a cabo en condiciones de respeto.

Si se somete a presión ecológica y social, pierde su bonanza, pues nada bajo amenaza puede durar con eficacia.

CAPÍTULO X: ANÁLISIS DE LAS EVIDENCIAS

Del estudio de campo se obtuvo información importante respecto a la situación que se vive en los palmares del trópico húmedo.

Si bien los manuales técnicos del cultivo muestran generalidades, la realidad demuestra otros escenarios, a veces tan lejos de lo que se cree.

La situación climática tiene mucho que ver en la forma de producir de los últimos años, prácticamente hace imposible la aplicación de una metodología general.

Por supuesto que los criterios técnicos estandarizados sirven como referencia, pero no son determinantes.

En campo la historia es tan distinta de lo que se formula en las hipótesis, cada quien espera vivir sus propias experiencias.

A pesar de que las prácticas son diferentes para cada quien, existen dos grupos al que se puede pertenecer, al sector social o al sector privado.

Y ojala y la gracia permita pertenecer al sector privado, si no; cultivar se vuelve una moneda al aire.

Ya que si bien ambos sectores tienes las mimas oportunidades edafoclimáticas del trópico húmedo y pertenecen al sistema producto palma, es evidente la desigualdad de oportunidades.

Existe una disparidad entre uno y otro.

10.1. Nivel de conocimiento del cultivo

El conocimiento técnico es un elemento importante en el arte de sembrar, ya que de ahí se obtienen las habilidades necesarias para producir disminuyendo los riesgos.

Se puede decir que en cuanto al cultivo de palma, la realidad es preocupante, pues se observa poca experiencia en el manejo de la información básica de la palma.

10.1.1. El sector social

Este sector, con algunos años que se inició en el cultivo, sobrevive básicamente con conocimientos empíricos.

Muchos de ellos; son personas mayores de 60 años, con un alto grado de analfabetismo y con prácticas agrícolas heredadas.

Como cada cultivo que se introduce por primera vez a los campos, al principio se desconocen los comportamientos.

Y sobre la marcha se conoce las plagas, enfermedades, costos, rendimientos.

Lo que no quiere decir que sea la mejor opción para llevar un cultivo al éxito, pero es lo que se tiene, sobre todo es este sector.

En la agricultura tradicional, hay un camino muy difícil por recorrer, sin duda; un cultivo enfrenta una serie de eventualidades a lo largo de su vida productiva.

Y la palma no es la excepción, se ha podido demostrar que hay un desconocimiento importante en el comportamiento del cultivo

Se puede decir que desde una perspectiva económica, ambiental y social, asusta la simplicidad con la que se plantea el manejo y las practicas del cultivo.

Se observa un alto índice de desconocimiento en el comportamiento del cultivo, unos cuantos lo conocen a través de las experiencias empíricas adquiridas con los años.

De esa manera las eventualidades se resuelven conforme vienen y con lo que hay.

No hay un plan de manejo, mucho menos de contingencias.

El hecho de que las condiciones del cultivo estén supeditadas a un manejo rutinario y sin apoyo técnico, se pone en mayor vulnerabilidad sus recursos económicos, la plantación y los recursos naturales involucrados.

Si bien cuando se habla de una asesoría técnica especializada se observa una apatía, ni que decir cuando se habla de la relación que el cultivo tiene con el medio ambiente.

Pero no se puede exigir demasiado a un grupo olvidado, que intenta sobrevivir con las mismas prácticas rudimentarias.

10.1.2. Sector privado

Éste sector se inició hace muy poco, pero ha crecido muy rápido en la superficie establecida, superando por mucho al sector social.

Aunque también desconocen el comportamiento del cultivo, incluso la gran mayoría desconoce información básica, como: principales plagas, periodos de cosecha, enfermedades, la vulnerabilidad climática, rendimientos, tipos de suelos que demanda, manejo fitosanitario y manejo nutricional.

Tiene otras posibilidades que resuelven el problema, pues cuenta con recursos económicos para la contratación de asistencia técnica permanente.

Es por ello que; aunque el desconocimiento técnico es una debilidad para la plantación, para el sector privado no representa amenaza, pues cuenta con la fortaleza económica.

10.2.   Los costos del cultivo

Cuando se piensa en ganancias económicas, necesariamente se debe conocer los costos.

Pero en el caso de los productores de palma, aunque hay sus excepciones; la gran mayoría desconoce el tema de los costos.

10.2.1. Sector social

El 100% ha establecido palma por las ganancias prometidas y el periodo de tiempo que trascurre en producción, así como la demanda de mercado.

Pero un número importante de productores desconoce los costos que se requieren para establecer y mantener el cultivo.

Esa situación impide al productor conocer las ganancias reales en términos monetarios.

La realidad es que en las actividades primarias es evidente la falta de una educación financiera.

Pues cuando se establece un cultivo, no se lleva un balance de gastos y los palmeros no son la excepción.

Ese desconocimiento puede poner en riesgo las ganancias que se busca obtener del cultivo.

En el sector social el cultivo de palma es una moda agrícola, que se puede establecer con un costo monetario disminuido, al tener la posibilidad de recibir aportación económica gubernamental y sin el compromiso de devolver el dinero.

En tal caso; la aportación gubernamental no se considera como parte de los costos.

Pero el hecho de que el recurso no sale de su bolsillo, no quiere decir que los costos para establecer una hectárea, sean menores.

Se tiene documentado en las encuestas que muchos establecieron la plantación esperando un subsidio gubernamental que nunca les llegó.

Otro problema con los costos, es que la mano de obra interna no se considera como gasto.

Sólo toma en cuenta el costo que se genera por la contratación de mano de obra externa.

Cuando se requiere conocer las ganancias reales, necesariamente debe elaborarse un balance general de costos.

De lo contrario; no se puede saber si el costo es menor al beneficio.

10.2.2. Sector privado

Generalmente el productor al ser un inversionista tiene control de su capital de inversión, lo que le da ventajas para conocer sus ganancias reales.

Es organizado, antes de arriesgarse elabora sus propios balances con todo y los instrumentos que conlleve a un estado de resultados favorable.

Antes de empezar a invertir ya sabe las ganancias que va a obtener.

Su educación financiera es una fortaleza para la toma de dediciones y como lema no arriesga capital en espera de subsidios gubernamentales.

Eso no quiere decir que conozcan a detalle el análisis FODA del cultivo, más bien se debe a que este sector para invertir un capital, antes realiza un análisis de costos, que determine si es conveniente y económicamente viable ejecutar la actividad.

Cuando quiere producir no escatima para invertir, porque al final; las ganancias son el resultado.

Así que para que la palma sea un cultivo con rendimientos en los campos y en el bolsillo, se requiere conocer y dominar el tema de los costos.

Porque se dice mucho de la rentabilidad económica del cultivo, pero en el caso de la agricultura; esa rentabilidad es definitivamente casuística.

10.3.   Manejo en la nutrición

Es indispensable tener un buen manejo del plan de nutrición vegetal, pues los rendimientos agrícolas dependen de una adecuada fertilización. Sin embargo se observa que en muchos de los casos, el programa de fertilización va enfocada a las necesidades económicas del productor y no a las necesidades que demanda la plantación.

10.3.1. Sector social

Los suelos son muy versátiles, un mismo predio puede tener distintas condición.

En la selección se tiene la primera oportunidad de conocer su grado de fertilidad, pero con el paso del tiempo; está puede modificarse.

Si bien su modificación puede ser por una mala selección de los suelos, también ocasionarse por un mal manejo del cultivo.

Básicamente por eso, en los últimos años, la nutrición química es tan común en la agricultura.

Pero todavía es más común el uso discrecional, cuando de hecho el uso de fertilizantes debe ser con responsabilidad económica y ambiental.

Y la única forma de lograrlo es a través del análisis de suelo y foliar de la plantación.

De otra manera, la nutrición a libre criterio, puede convertirse en una aventura muy costosa.

Ese fenómeno de fertilización discrecional es una realidad en los palmares, sobre todo cuando no se puede sufragar costos del experto que indique las necesidades nutricionales de la plantación.

La realdad es que, si se tiene para el estudio de la plantación, no se tiene para los fertilizantes, en ese grado de dedición; se prioriza la compra de nutrientes químicos.

En ese caso; el productor realiza su propia fórmula para abastecer de nutrientes a la planta.

De cualquier modo, la aparente solución, es el origen de otro problema futuro.

Pues se puede ocasionar problemas a los suelos, a su bolsillo y a la misma plantación.

Aun así, es poco lo que se puede hacer, cuando los temas son la falta de conocimiento y de recursos.

Si se desconoce el cultivo, se puede contratar asesoría técnica, pero sin recursos es imposible.

Así que debe ingeniárselas para aplicar la nutrición anual, la solución es hacer sus propias fórmulas.

Generalmente la más usada en el sector social es muy parecida.

Para fertilizar una hectárea utilizan la siguiente fórmula: 1/ha/anual = 500ks K + 700kg P +400kg N.

La mayoría de productores dice que está bien con eso, pues están cosechando.

Sin embargo en algunos casos me encontré en campo con plantación de 17 años de edad, que ha crecido más de lo normal.

Se sorprendió cuando se le explicó que si a la planta se le vierte fósforo (P) que no necesita, puede provocar un crecimiento aceleradamente sin ningún beneficio.

Ahora la altura de la palma es un problema, tanto que el productor ha pensado en pronto derribarla, pues el mantenimiento y la corta se han hecho más costosa y complicada.

Otro problema es que se desconoce que no todas las mezclas tienen compatibilidad química, hay fertilizantes que se deben mezclar al momento de su elaboración y otros antes de aplicarlos, para evitar la modificación química entre ellos.

León señala que la incompatibilidad química se puede generar por: 1. Desarrollo de calor en la mezcla; 2. Desarrollo de humedad; 3. Producción de gases; 4. Compactación y 5.Aumento de higroscopicidad en la mezcla.[42]

Se sabe que con la nutrición se busca alcanzar mejores resultados en los rendimientos a obtener, pero su inexperta aplicación puede traer preocupaciones, la transformación de la estructura normal de la planta, intoxicación de los suelos, quemadura de plantas y pérdidas económicas innecesarias.

Según el paquete tecnológico el programa de fertilización, la recomendación nutricional para una plantación de 3 años de edad, debe ser: (Inifap/Sagarpa, 2011. Pág. 8).

Cantidad (kgs.)	Fertilizante	%
250	De urea	Con 46% de nitrógeno
1000	De superfosfato de calcio triple	Con 46% de fósforo como P205
1250	De cloruro de potasio	Con 60% de potasio como K20
650	De carbonato de magnesio	Con 28% de magnesio
75	de borax o borato de sodio (Na2B407)	Con 11% de boro

Aunque esa recomendación aplica en predios con buenas condiciones de humedad y buena estructura de los suelos.

Así que para obtener los resultados óptimos, el productor debe conocer la situación de su predio.

Ya que si las condiciones son distintas, es necesario el análisis de la plantación para saber las necesidades de nutrición al caso concreto.

Pero es el sector que más problema presenta por el desconocimiento técnico y la falta de asistencia técnica.

---

[42] Revista Colombiana. PALMAS - Vol. 25 No. Especial, Tomo II, 2004105. Págs. 105-114

10.3.2. Sector privado

En este sector los conocimientos de atención nutricional del palmar también son deficientes; sin embargo el desconocer no es un problema, pues cuenta con los recursos económicos para la contratación permanente de un experto.

Su gran ventaja es que tiene los recursos para contratar personal adecuado que se encargue de los análisis necesarios.

Únicamente espera las indicaciones del especialista.

Y a través de un plan de manejo nutricional elaborado por el experto, da la instrucción para la aplicación, siempre con la asesoría del técnico.

Si bien el grado de conocimiento del sector social y privado son las mimas, la forma en que se enfrenta tal situación éstas sí que no lo son.

Conversaba con un productor del sector privado y me compartía su experiencia con el cultivo.

El primer año de edad observaba su palmar abandonado a pesar de la atención que le daba, así que contrató a un especialista que lo primero que hizo fue un análisis de suelo y foliar.

A través de un diagnóstico especializado se determinó la necesidad nutricional del palmar, entonces aplicó la fertilización adecuada.

Su palmar empezó a producir, incluso antes del tiempo y con rendimientos mayores a lo esperado.

10.4.   El cultivo y el cambio climático

Aunque los palmares se han establecido en el trópico húmedo, el cultivo demanda condiciones permanentes de temperatura y humedad.

Según los datos históricos de las condiciones climáticas, los últimos años se observa una disparidad, incluso se observaron sequías intensas y estacionales hasta de 9 meses.

Si bien esas condiciones se pueden contrarrestar con un buen manejo de riego, la infraestructura demanda una derrama económica importante.

No dudo que es la solución; pero sólo para unos cuantos, el resto depende de las condiciones climáticas.

10.4.1. Sector social

La gran mayoría de este sector depende de las circunstancias climáticas, lo que quiere decir; que cada ciclo agrícola están a expensas de los climas para lograr rendimientos.

Básicamente el cultivo se estableció en condiciones de temporal y está sujeta a las situaciones climáticas anuales.

No parece problema, si los escenarios del trópico húmedo favorecen las demandas del cultivo, que podría salir mal.

Sin embargo en los últimos años las proyecciones climáticas no son muy alentadoras y más a aún que la mano humana no tiene ningún control sobre eso.

Lo único que puede hacer el productor es sentarse y observar como los climas favorecen o destruyen los rendimientos y en muchos casos; el cultivo.

En cada ciclo agrícola se vive la misma incertidumbre, pues los sistemas meteorológicos no pueden predecir las condiciones del clima, o cada vez se le atina menos.

Lo cierto es que el vaivén de los cambios climáticos es alarmante para la agricultura de temporal.

Y el productor, sobre todo del sector social; no tiene las condiciones para mitigarla.

Así la agricultura se encuentra en medio de dos fenómenos que limitan el arte de producir, pues ambos pueden afectar los rendimientos y en plantaciones muy jóvenes, se corre el riesgo de perder el palmar.

Se viven situaciones extremas, por un lado; sequías intensas que traen aparejado incendios, por otro lado; precipitaciones abundantes que pueden provocar inundaciones en los cultivos.

Lo que hace que el agricultor produzca entre líneas tan delgadas.

El año 2017 la sequía se prolongó durante 9 meses y después el mes de junio se presentaron torrenciales tan fuertes que inundaron los caminos de acceso, predios, cultivos.

Fenómenos donde se observó la disminución de cosechas; pero en muchos casos, pérdida del cultivo.

Y a pesar de la promoción de que el cultivo es muy resistente a los climas extremos, el problema no es tan indiferente para el sector palmero.

Porque si bien tiene buena resistencia, esto es en cuanto a la vida de la planta pues difícilmente muere, pero si se afecta la producción de frutos; tanto que la plantación puede presentar rendimientos paupérrimos.

De ese modo, tanto las intensas sequías como las abundantes precipitaciones están muy ligado a la merma de la producción.

Situación que amenaza la economía del productor social.

Ya que establecerlo es costoso, ya sembrado el toca al productor sobrellevar los climas, aunque los rendimientos no sean los prometidos.

Finalmente es la situación que los últimos años se vive, por mucho los climas son los que demuestran la suerte del cultivo y la economía del productor.

10.4.2. Sector privado

Aunque este grupo de productores también ha establecido una parte de plantación en modalidad de temporal, no presenta las mismas adversidades que los productores sociales, esto por dos razones.

La primera; porque favorece a la plantación con un plan nutricional adecuado para que retenga la mayor cantidad de nutrientes y humedad, lo cual beneficia cuando las precipitaciones llegan tarde.

La segunda razón; es porque cuenta con infraestructura de riego para auxiliar a la plantación en las sequias estacionarias.

Aunque la modalidad de la plantación puede ser mixta, (de riego y de temporal), la plantación está mejor protegida.

Además; al tener superficies más extensas, en las épocas de precipitaciones la plantación retiene mayor cantidad de agua en sus tallos, copas y raíces, lo que hace que se sostengan por más tiempo.

Pareciera que también tienen bajo control las probables inundaciones en las épocas de abundantes lluvias, dado que en los predios inundables, se han construido drenes y zanjas para evitar el estancamiento.

Como se puede observar este sector cuenta con el factor económico que puede socorrerles, y que no titubea en tomar acciones para mitigar la sequía e inundaciones.

Esas ventajas influyen en los rendimientos de la plantación y por ende en los propios recursos económicos a obtener de ello.

Sin embargo, no todo está dicho, en tratándose de los comportamientos climáticos, tanto le puede visitar un huracán como un incendio no controlado. En esos casos, si bien tiene el aparato económico disponible para enfrentarlo, no deja de ser un problema que afecta su economía y el palmar.

10.5.   La posesión derivada y sus complicaciones

Hablar de las tierras y la propiedad, pareciera un tema no tan relevante cuando se habla del análisis FODA de la palma. Sin embargo, tiene mucho que ver desde una perspectiva de sostenibilidad del cultivo, que va más allá de una relación amigable con el medio ambiente.

La sustentabilidad debe favorecer el bienestar social y la paz de los entes directos e indirectos, proteger y mejorar la vida de los productores, campesinos y pobladores de las regiones palmeras.

En ese sentido existen razones suficientes para abordar las condiciones de la posesión de los predios.

Es indiscutible que el cultivo tiene una longevidad importante.

Por ese motivo los predios juegan un papel trascendental en su establecimiento, pues el palmar lo ocupará durante tres décadas ininterrumpidas.

Lo que no sólo implica el uso responsable de los suelos, sino que se debe proteger otros escenarios.

En este momento las plantaciones se han establecido en predios propios, arrendados y subarrendados. El fenómeno de arrendamientos y subarrendamientos se inició junto con la introducción del sector privado.

10.5.1. Sector social

Una gran parte de la plantación establecida se encuentra en terrenos con tenencia ejidal.

No se tiene registros de que en este sector el productor tenga una posesión derivada de arrendamientos.

Por el contrario muchos han cedido en arrendamiento la posesión de sus tierras a inversionistas para la siembra del cultivo.

Aunque los contratos se celebran generalmente con empresas o grupos nacionales, sólo son intermediarios para un subarrendamiento de esos terrenos a inversionistas extranjeros.

Es muchos de los casos los campesinos no tienen conocimiento de que sus tierras fueron subarrendadas para ser explotadas por extranjeros.

En cualquier caso, saber no tiene mucho sentido cuando lo único que persigue es la generación de recursos sin tener que arriesgar capital económico.

Igual se arrendan y subarriendan superficies completas de parcelas ejidales y de uso común, así como pequeñas propiedades.

En un peor escenario; los terrenos ya tienes plantación establecida, y si las condiciones no han favorecido al productor, es la oportunidad de arrendarlas con un dinero extra y dejar de padecer con el mantenimiento del palmar.

Máxime que muchos productores sociales están convencidos de que las ganancias reales del cultivo no son viables, pues se le invierte casi lo mismo que se obtiene de rendimiento.

Es por ello que el arrendamiento de sus predios, incluso con plantaciones ya establecidas; es una opción que les permite un ingreso, minúsculo; pero fijo y si arriesgar nada.

En esos casos la solución más viable es dar en arrendamiento los terrenos con todo y palmar.

Así es como el sector social cede los derechos de uso, goce y disfrute, para que otro produzca en sus tierras las próximas tres décadas.

Y lo prefieren así; a seguir con el suplicio de producir con muchos esfuerzos y con pocos recursos.

El agotamiento del productor ha ocasionado el fenómeno del arrendamiento, << Que otro produzca en mis tierras, que haga producir mi palmar, a mí que me pague la renta>> es lo que algunos señalan con mucha determinación, pareciera que deshacerse de los palmares fuera un desahogo.

Pero con todo y los estímulos económicos instantáneos, el dueño del predio no ha considerado que el arrendamiento es un instrumento jurídico que si bien le trae beneficios, también le supone obligaciones.

Es decir; su gran beneficio es el pago pactado por el arrendamiento, y por ello; se obliga ceder la posesión y el usufructo por 30 años, tiempo en el que alguien más explotará sus tierras, sin que él pueda intervenir en ella o pedir la restitución.

Y "La ignorancia de la ley no te exime de su cumplimiento" lo que significa que no puede revertir su consentimiento.

Es este sentido; el tema de los arrendamientos, debe ser analizado; no desde la garantía jurídica de la persona, ni del derecho de propiedad que tiene y se obligado a cumplir un contrato, sino que; desde la perspectiva de protección al ambiente.

Existen deficiencias contractuales que pueden meter en líos la seguridad de los entornos, pues los productores arrendaron sus predios, sin conocer el comportamiento del cultivo, los efectos a corto, mediano y largo plazo sobre los suelos y los ecosistemas.

Es claro que el fenómeno de los arrendamientos inscribe un tema derechos y obligaciones entre dos particulares, pero se involucra deliberadamente al medio ambiente, donde el estado tiene oficiosidad para intervenir como agente protector y vigilante de los recursos naturales implicados.

Ya que posterior a la vigencia de los contratos (30 años después) se restituirán las tierras con suelos agotadas, drenes y zanjas construidas, sin duda modificaciones que resultará costosa restituir a su estado original.

Y en los casos de los predios que se están arrendando con vegetación nativa y se talaron, el daño es irreversible; no se podrán recuperar a su estado natural.

En los instrumentos jurídicos celebrados se observa que las tierras arrendadas serán restituidas al productor algunas después de 25 y otras después de 31 años.

Pero no se precisan las condiciones de la devolución, así que al finalizar el acuerdo; puede darse el caso de que el arrendatario abandone el predio dejando una plantación improductiva.

Si a los predios se les construyó zanjas y drenes, al finalizar la vigencia del contrato, seguramente quedaran con los canales que atraviesen los predios, suelos a los que no se les puede dar una utilidad.

El palmar después de su ciclo productivo requiere de la poda, que tampoco se precisa el manejo que se le dará al término del contrato.

El fenómeno sigue en aumento; lo ideal es que el propietario se apoye de especialista en derecho y en el cultivo, para que le colaboren en la construcción y revisión de las clausulas a las que se obliga y a las que debe obligar al arrendatario al terminar la vigencia del contrato, para que el predio se le restituya sin tantas alteraciones.

Pero el acompañamiento requiere de recursos, con lo que no cuenta, así que seguramente se seguirán celebrando más arrendamientos en esas circunstancias.

En este momento es una solución económica inmediata, pero en el futuro será un problema, no lo veo de otra manera cuando se han dejado muchos vacíos a la expectativa.

10.5.2. Sector privado

Si bien es este sector existen productores con terrenos propios para siembra del cultivo, es el que ha iniciado el fenómeno de arrendamientos y subarrendamientos de predios ejidales y privados.

De modo que tanto empresarios mexicanos como extranjeros, al no tener terrenos en estas zonas, han optado por la posesión derivada.

Cabe señalar que este sector cuenta con inversión suficiente para el establecimiento del cultivo, por lo que busca arrendar superficies extensas.

Pero por lo mismo, apuestan a ganar, así que no escatiman recursos para modificar los terrenos y dejarlo en las mejores condiciones para el cultivo; y todo eso por la misma cantidad de renta mensual.

Para entender mejor la problemática, expondré lo que se recopiló de un contrato real, nada de los datos que se exponen es ficticio, sin embargo; es menester salvaguarda los datos personales, así que por obvias razones los omitiré.

A continuación el análisis de un contrato de sub-arrendamiento celebrado entre un inversionista extranjero y una persona moral mexicana, que a su vez este último; celebró un contrato de arrendamiento con el dueño del predio.

Instrumento jurídico protocolizado ante un notario público, para celebrar un contrato de arrendamiento de un predio de 115 hectáreas; entre la persona física dueño del predio y una persona moral, SA de CV, que a su vez; subarrendó con una empresa extranjera la misma superficie.

Se manejó una vigencia a 31 años, se acuerda una renta mensual que se pagara los primeros diez años de la vigencia del contrato, señalando un pago modificable según transcurran los años, de donde se desprende que el pago del año 1 será de $ 2,000.00 por hectárea, incrementándose al año 3 por la cantidad de $ 3,000.00 actualizando el precio según el índice nacional de precios al consumidor; la superficie real a pagar no se determina, sino que se estipula que ese dato estará sujeto al levantamiento que se haga de la plantación sembrada el primer año; el pago de la renta será pagada al año vencido.

En una cláusula se obliga el propietario a permitir un sub-arrendamiento y a no intervenir si en el trascurso del tiempo se desea cambiar de destino al predio, señalando que el uso que se le puede dar al predio es: agrícola, ganadero y/o industrial.

Además el arrendador debe realizar las reparaciones necesarias por su cuenta o si el arrendatario las ejecuta este las deducirá de las rentas anuales, es el propietario responsable de saneamiento en caso de evicción, así mismo la jurisdicción e interpretación del contrato ha quedado reservada a los Tribunales de un Estado del centro del País.

Es indiscutible la desventaja contractual en la que está el propietario, se ha obligado a las reparaciones necesarias por su cuenta, aceptando que el predio lo recibirá al finalizar la vigencia del contrato "con el deterioro que el uso normal y propio pueda producir", aunque no señala cuál es ese deterioro "normal", es evidente que tal situación genera incertidumbre y a largo plazo muchas cosas pueden pasar.

Quizás el desconocimiento legal fue usado en su perjuicio, pues pese a que tanto el predio como el dueño se encuentran en un Estado del sureste mexicano, se someten a otros tribunales que se encuentra a 2,500 kilómetros de distancia.

Así las cosas; el panorama no pinta bien, cuando al paso de los años el predio vuelva al dueño y cualesquiera que sean las condiciones, no podrá reclamar reparación por haber consentido el uso y goce ilimitado.

10.6. Utilidades económicas

Los beneficios económicos son el objetivo principal de establecer el cultivo.

Si bien los datos reales se obtienen caso por caso desde un balance general y estado de resultados, la publicidad política gubernamental, de inversionistas nacionales y extranjeros versa sobre el tema.

Se dice tanto de los rendimientos económicos, pero se dice muy poco del camino que se debe recorrer para aproximarse a ello.

En todo caso las ganancias son casuísticas, y no por el hecho de establecerse con un paquete tecnológico generalizado el resultado es el mismo.

La realidad en campo es distinta para cada productor, por ello; la utilidad no se puede estandarizar.

Existen factores que se deben tomar en cuenta para lograr la precisión de las ganancias económicas.

Debe haber plena conciencia respeto a los costos individualizados, no se puede ni debe tomar de referencia al vecino.

Cada quien tiene sus propias características en los suelos y la proyección de recursos que desea invertir para alcanzar sus objetivos.

En este tema se observan circunstancias distintas entre los dos sectores.

10.6.1. Sector social

El sector social económicamente se encuentra desprotegido, quizás por ello busca alternativas que detonen su economía.

La palma ha llegado al productor con la esperanza de generar divisas y cambiar sus condiciones de vida.

La paradoja del productor es que la economía con la que dispone, influye en las los rendimientos que espera obtener para mejorar sus condiciones económicas.

A pesar de ello; el productor se ha arriesgado para establecer el cultivo con un reducido flujo económico.

El poco flujo de efectivo y el desconocimiento del cultivo, se han aliado en su contra.

Aun así; algunas cosas han salido bien y se ha logrado producir con ganancias.

Otras no tantas; pues los costos que le genera el cultivo son muy parecidos a las ganancias.

Si se analiza desde un estado de resultados, los costos del paquete tecnológico, establecimiento, mantenimiento, corte y traslado del fruto, las ganancias no son representativas.

Lo que quiere decir que los ingresos son mínimos, sin tomar en cuenta los costos sociales y ambientales que el cultivo le demanda.

Así que a pesar de que escucha en los discursos que la palma promete utilidades económicas importantes, sabe que no llegan a sus bolsillos.

Para este sector las promesas económicas del cultivo, se han convertido en ganancias imaginarias.

Para que una actividad sea provechosa debe sustentarse en una realidad económica suficiente.

Los beneficios deben ser suficientemente mayores que los costos, ya que ninguna actividad es redituable y sostenible cuando las ganancias son menores.

Máxime que las condiciones para conseguirla son muy fluctuantes y en cualquier momento los resultados pueden igualar los costos con los ingresos, o en un peor escenario; exhibir pérdidas.

Según la información obtenida en este sector, cada productor obtiene cifras muy variadas, pero en un promedio general, se observa que las ganancias son menores.

Cualquier condición que cambie, puede vulnerar aún más las ganancias económicas.

Tal como ha pasado con el desplome del precio que incluso la tonelada de fruto bajó a 470 pesos.

Pero los precios de los insumos y la mano de obra se mantuvieron o generalmente van a la alza.

Aunado a que este sector produce con las bonanzas de los climas, y en cualquier momento se puede reflejar en los rendimientos.

Las condiciones en las que produce este sector son muy fluctuantes, lo que puede mejorar pero también empeorar las cifras.

Lo cierto es que de cualquier forma el margen de ganancia en menor, y los datos no mejoraran si las condiciones no cambian.

10.6.2. Sector privado

Cuando se decide a establecer palma, ya conoce los dividendos, pues una inversión se precisa en términos de ganancias a obtener.

No le interesa si con ello debe invertir, si al final; sabe que recuperará la inversión multiplicada por 1, 2, 3, veces más.

Aplica el aforismo "nadie trabaja nomás por dormir cansado"

Su escenario es de ganar-ganar, a pesar de que también le acechan escenarios que no puede modificar, si puede mitigarlas.

Es el caso de los cambios climáticos, no pueden interferir de manera determinante.

Pero en otros escenarios como insumos, el volumen de consumo les permite mantener precios especiales, incluso crédito directamente con proveedores.

Además tienen la capacidad económica para contratar asistencia técnica especialidad y realizar sus propias formulas o métodos de producción sin tener que depender de insumos químicos.

Y en el paroxismo de la buena fortuna, algunos productores tienen sus propias extractoras de aceite, o mercado reservado, lo que no les hace depender de los precios del mercado general para vender la cosecha.

El escenario perfecto para aspirar a los más altos rendimientos que ofrece el cultivo.

Un productor de este sector, comenta que los rendimientos obtenidos han superado sus proyecciones, pues según las experiencias y los antecedentes históricos del cultivo, la plantación empieza a producir a los 3 años de edad, racimos de entre 2 y 5 kg.

En su caso, su palmar empezó a producir a los dos años, alcanzado un poco más de 6 toneladas de producción por hectárea.

Definitivamente un rendimiento bastante eficiente, si se compara con la generalidad del cultivo.

Para este productor las cifras que obtuvo cambiaron el panorama que tenía del cultivo.

No cabe duda que el sector privado tiene muchas ventajas para hacer prosperar el cultivo en los campos agrícolas y posicionarlo como una opción económica incomparable a otro cultivo lícito.

Conoce la inversión que necesita realizar para alcanzar las ganancias que espera, situación que permite que el cultivo se desarrolle con mejores oportunidades económicas.

10.7.   Asistencia técnica

La palma es muy reciente en el trópico húmedo, por ello; es necesario el apoyo de expertos para que conduzcan a los productos a un conocimiento, por lo menos; básico sobre el comportamiento del cultivo.

No quiere decir que con ello se obtenga el éxito, porque como ya se ha referido; la agricultura depende de otros factores y muchos no están en manos del sujeto.

Sin embargo tener por lo menos una idea de las eventualidades que pueden presentarse, disminuye los riesgos de fracasar.

Al conocer las principales plagas y enfermedades, se puede aplicar un buen control fitosanitario y combatirlas de manera más eficiente.

Estar al tanto de cómo afecta la sequía e inundaciones, se pueden seleccionar mejor los terrenos o prepararlos para mitigar el problema.

Saber la importancia de una nutrición vegetal adecuada, mejorara las proyecciones de los rendimientos.

Finalmente se debe tener en cuenta que cada desconocimiento redunda en impactos económicos y ambientales.

10.7.1. Sector social

En este sector era muy común en la agricultura ancestral un laboreo a través de la experiencia, así que los consejos de los ancianos eran bienvenidos y se lograban importantes cosechas.

Sin embargo los tiempos han cambiado y con ello; las formas de producir.

Si ben; aún se escuchan entre productores "que me va a enseñar alguien que no conoce el campo, mi abuelo sembró la tierra por años y siempre cosechó" esas prácticas ya no dan los mismos resultados.

El abuelo sembraba en tierras más fértiles, con mejores condiciones climáticas, menor incidencia en plagas y enfermedades, el éxito prácticamente estaba asegurado.

Por mucho tiempo el lema fue "el único cultivo que no se da, es aquél que no se siembra"

Incluso 3 décadas atrás; las prácticas eran bastante rudimentarias y aun así el productor tenia garantizada una cosecha.

Ahora esas mismas prácticas ya no resultan igual, por ejemplo; cuando se siembran semillas; el proceso de desarrollo se enfrenta a diversos enemigos, los pájaros, los gusanos, las hormigas, la falta de agua, el exceso de lluvia, los hogos, la maleza, etc.

Lo mismo pasa con las plántulas, un escenario verdaderamente agotador para el agricultor.

Cada vez hay menos posibilidades de sembrar y prosperar únicamente con la experiencia de los años y las bonanzas de la naturaleza.

La palma es un cultivo de comportamiento complejo que requiere de la asesoría técnica para conseguir una buena cosecha, pero para una asistencia técnica el productor necesita recursos económicos extras.

Así que aun reconozca la necesidad de una ayuda especializada, los limitados recursos económicos lo vuelven a su realidad.

Así que se olvida del tema y siembra con la experiencia de otros cultivos y los consejos vecinales.

Sin embargo, las cosas han cambiado mucho, ahora se enfrenta con problemas que le obligan a experimentar procedimientos nuevos.

Incluso los propios expertos recorren la misma travesía, a veces le atinan, otras veces tienen un efecto adverso o consigue inventarse otro problema.

Los palmares están convertidos en un cultivo de prueba y error, con impactos en los factores ambientales, en la economía y los suelos.

En este sector un porcentaje importante no ejecuta un manejo fitosanitario adecuado para el control de maleza, utilizan químicos no selectivos con ingredientes activos como el paraquat y glifosato.

El uso excesivo de químicos altamente tóxicos, puede dañar importantes ecosistemas, los suelos, incluso la salud del productor.

Lo mismo pasa con el plan de nutrición, cada quien personaliza sus fórmulas atendiendo a su creencia, y sobre todo; respetando el límite de sus economías.

Así las cosas; aun y con lo necesario que resulta una asesoría especializada para este sector, tiene que prescindir de ella.

Porque si cubre honorario de asistencia especializada, no puede cubrir los gastos de mantenimiento.

Sobre todo los primeros años donde sólo es inversión.

Los rendimientos que este sector obtiene, pueden mejorar pero con una buena y adecuada asistencia.

Solos no podrán, pues son productores con superficies pequeñas y recursos insuficientes para sufragar los gastos.

Lo ideal es que el sector conozca las bondades del cultivo para sacar el mayor provecho, pero sin alterar los ecosistemas, y para ello; se requiere de una asistencia técnica adecuada y constante.

Pues los resultados indican que de seguir sin asistencia técnica, éste sector no podrá sostenerse por mucho tiempo con el cultivo.

10.7.2. Sector privado

Los favoritos del Dios de la vida, la prosperidad y la abundancia.

Si bien este sector es reducido en número de productores, son los que mayor superficie de palma han establecido.

No hay punto de comparación en cuanto a los rendimientos que obtienen, contra los que consigue el sector social

Las diferencias son abismales y en todos los aspectos.

Y como no si la gran mayoría establece la palma con asistencia técnica integrada.

Si bien un porcentaje, muy reducido; puede tener complicaciones económicas, la mayoría sabe que el éxito de los rendimientos está en un excelente manejo.

Pero el escenario aquí es muy distinto, este sector tiene educación financiera, a tal grado que si es necesario; optan por créditos de avío agrícola, con todo y lo que ello implica.

La educación financiera le permite otros panoramas, que si bien sabe que a plazo inmediato le tocará invertir en otros conceptos; como pago de seguros agrícolas y proyectos de inversión, incluso pago de intereses, siempre conoce sus ganancias.

Así que si la asistencia técnica adecuada, garantiza grandes rendimientos, lo considera como parte del arte de la producción.

La primera gran oportunidad de aprovechar la asesoría es desde el momento de la elección de los suelos adecuados.

El análisis del suelo determina las eficiencias y deficiencias, lo que hace posible la disminución de los riesgos.

Existen muchas otras ventajas de la asesoría especializada, como conocer el comportamiento del cultivo y de los suelos que puede perfeccionar el manejo y la atención.

Cada actividad se enfoca en la necesidad de los suelos y la plantación, ésta se atiende con un manejo nutricional que corrige las deficiencias.

De ahí la importancia del análisis de suelo y foliar, pues no se cubre más que las carencias, lo que reduce de costos.

Además se tiene la oportunidad de combatir de forma eficiente las plagas y enfermedades que se presenten.

La ventaja de la asistencia técnica es coherente con lo que se requiere subsanar en la plantación, no se le da nada que no necesite.

Porque en el arte de producir, si le da más de lo que necesita o se le da menos de lo que requiere, se afecta el rendimiento.

En este sector la asesoría técnica ni es un gasto ni un gusto, es parte del proceso de producción, que si bien es una inversión económica, de ello depende el éxito en los rendimientos.

CAPÍTULO XI: LA PALMA HACIA LA SOSTENIBILIDAD

Después de llegar a este capítulo, para muchos quizás la solución es la prohibición del cultivo, para otros; no se habrá encontrado problema alguno; y para unos cuantos; vale la pena la producción sustentable.

Todos pueden tener buenos argumentos, pero lo cierto es; que el cultivo debe producirse de manera sostenible.

Me parece que la prohibición no es una posibilidad, sobre todo; porque el consumismo humano, exige aceite, y si no es de palma africana, de otro aceite será; y con sus propias cargas ambientales.

Es incuestionable la ambivalencia del cultivo; en algunos casos posee bonanzas y en otros; serias dificultades.

La realidad es que se ha colocado como una opción bastante atractiva en los campos agrícolas del trópico húmedo y según su publicidad económica; llegó para quedarse.

Esas condiciones sólo dejan dos elecciones; dejar las cosas como están, o procurar otras alternativas sostenibles para mejorar el cultivo.

Sé que para muchos; el tema no es sencillo por todo lo que implica, pero es necesario tener en cuenta que las huellas de las generaciones presentes, pueden ser la agonía de las generaciones futuras.

Por ello es necesario que se ejecute una agricultura lo más amigable posible con la naturaleza.

Pero para alcanzar un desarrollo sostenible, hay mucho por hacer y mucho que mejorar.

Sobre todo urge reforzar los temas que debilitan las posibilidades del cultivo.

Para ello, hay un camino muy extenso por recorrer.

Si se toman acciones eficientes para producir la palma, puede ser sostenible en el tiempo alcanzando los rendimientos necesarios, sin menoscabar los entornos naturales de difícil regeneración.

11.1.   Asistencia técnica

Es un tema relevante en la sostenibilidad del cultivo, es escenario, pues el experimento no tiene posibilidades.

El productor debe conocer las bondades y las contrariedades del cultivo, y si aun así, decide sembrar deben tener acceso a una capacitación, por lo menos básica.

Sé que es complicado encontrar el apadrinamiento económico para que esto sea posible.

 Pero es muy necesario, pues el productor puede llevar el cultivo a los campos con mejores resultados, lo que evitará la exposición de los suelos, el abuso de los químicos, el uso ineficiente del agua.

Pero como ya se sabe; el cultivo es muy longevo; por lo que asistir a un productor durante 30 años, es una pretensión económicamente no viable.

Lo más factibles es que se brinde a los productores capacitación constante sobre el manejo y las eventualidades, para que este pueda ser autosustentable en el manejo.

Definitivamente debe conocer a conciencia las enfermedades, las plagas, las deficiencias, las afectaciones por los climas extremos, para que esté en condiciones de solucionar los problemas sin crear nuevos.

Si bien n tiene la experticia del técnico, una capacitación, aunque sea básica; pude hacer la diferencia.

La asistencia técnica además de favorecer las condiciones en las que se está produciendo en este momento, tiene bonanzas para los palmeros, pues los que ahora sufragan atención especializada, a mediano plazo se pueden ahorrar esos recursos.

Pero es importante que dentro de los mecanismos de capacitación que se requieren, se dé a conocer las bondades y las desventajas de establecer palma en los terrenos.

Es importante que la capacitación sea coherente con la realidad del cultivo, en ese sentido; se debe realizar sin costo adicional al productor, por lo menos; los primeros 5 años.

11.2.   Educación financiera

La sustentabilidad de la palma, va más allá de su relación con el entorno; el tema también es económico importante.

Por ahora se observa que el productor desconoce los costos económicos que la palma requiere, pero esto no es nuevo, los productores, por lo general; tiene una baja escolaridad, es evidente el desconocimiento de los temas financieros.

Sin embargo; para determinar si la palma es rentable, se requiere de, por lo menos los conocimientos principales.

Es muy común producir sin saber la realidad de los costos, históricamente lo ha hecho; pero en esta ocasión, si se busca un cultivo sustentable; s necesaria una cultura de cuidado financiero.

Ya que se trata de un cultivo que produce por varias décadas continuas, por lo que es muy arriesgado establecerlo sin conocer su rentabilidad.

Los promocionales ofrecen un cultivo muy rentable, pero no por eso va hacerlo en todos los casos, pues cada palmar tiene sus propias demandas de atención.

Por ello, a través de una educación financiera; es importante dotar al productor de destrezas, para que él mismo valore esas posibilidades en sus terrenos.

Desde un panorama real, puede determinar si sus suelos son aptos para lograr los rendimientos y si tiene capacidad económica para cubrir las necesidades del cultivo.

Con ello será suficientemente capaz de precisar si el cultivo, a su caso concreto; es redituable y alcanzará ganancias suficientes.

11.3. Apoyo financiero

Se ha observado las condiciones económicas del sector social y privado, se observan diferencias importantes.

Es innegable el abandono del sector social, y esas carencias son una fuerte debilidad para la sostenibilidad del cultivo.

Por ello es necesario un plan económico para reforzar a este sector, por lo menos los primeros 5 años de vida de la plantación.

Ya que los primeros años son los más críticos económicamente para el productor social.

De ello depende su permanencia o abandono de la plantación.

Para alcanzar un cultivo sostenible, es necesario garantizar al productor recursos financieros para un establecimiento adecuado y mantenimiento apropiado hasta lograr la edad de producción.

No sirve de nada apoyar al producto social con plántula, si este no tiene los ingresos suficientes para darle seguimiento al establecimiento y mantenimiento de la plantación.

Pues establecerlo y mantenerlo resulta muy costoso.

Lo que quiere decir que la donación de la plántula no resuelve ningún problema económico, a contrario; empieza con los problemas económicos para el productor, sobre todo social.

11.4.   Instrumentos jurídicos ambientales

Cuando se busca establecer palmares sustentables, pareciera no tener sentido lo jurídico.

Pero se debe tomar en cuenta que los recursos naturales son un futuro común para la sociedad y no únicamente para los que poseen los que están produciendo.

Máxime cuando se conoce que debido al establecimiento de palma en el trópico húmedo, se han deforestado áreas forestales.

Pareciera que el proceso de deforestación, no afecta a la colectividad, pero definitivamente impacta en las comunidades aledañas a las zonas palmeras.

Además la afectación inmediata a la biodiversidad es un tema que afecta a la casa común.

Porque si bien el propietario del predio tiene el derecho de la explotación de sus tierras, la explotación debe ser con respeto a la naturaleza en beneficio de la humanidad.

Por ello, dentro del marco de la difusión de las bondades del cultivo, es necesario dar a conocer que los métodos de producción deben ser sostenibles.

Si bien el arrendamiento de predios es una moda, bajo la falacia de que el productor tendrá ingresos por tres décadas sin invertir nada.

Lejos está de imaginar que su inversión es incalculable en términos monetarios; pues cede la posesión para que se alteren los minerales naturales de los suelos, bosques, paisajes, corrientes de agua, la estructura del suelo.

La necesidad de aplicar instrumentos ambientales, es para garantizar el estado de los recursos naturales, más no del derecho de propiedad de los campesinos.

Que si bien los campesinos al ser grupos vulnerables protegidos por la constitución, también tiene el derecho de la suplencia legal y la protección del Estado, es un tema que requiere una atención especializada.

Lo cierto es que en tratándose de la protección de los recursos naturales, si bien el Estado tiene la soberanía sobre sus recursos, también es responsable de administrarlos bajo un enfoque de cuidado, protección, preservación y sustentabilidad.

De hecho a través de sus políticas públicas, económicas, sociales o propiamente ambientales, debe vigilar que el desarrollo sea sustentable, así estipula su diversa legislación.

Partiendo de ello; se advierte que el gobierno tiene el gran compromiso de garantizar que la agricultura sea sustentable, no sólo para beneficio de la propia actividad, sino que también para los gobernados.

Ya que como lo reza la propia constitución mexicana en el artículo 25; "Corresponde al Estado la rectoría del desarrollo nacional para garantizar que éste sea integral y sustentable, (...)"

Además de que tiene el compromiso de garantizar un medio ambiente sano, tal como se señala en el artículo 4 de la carta magna "Toda persona tiene derecho a un medio ambiente sano para su desarrollo y bienestar. El Estado garantizará el respeto a este derecho. El daño y deterioro ambiental generará responsabilidad para quien lo provoque en términos de lo dispuesto por la ley"

La sustentabilidad de un cultivo agrícola no se debe tomar a la ligera, pues están en riesgo muchas cosas que pueden atentar contra la seguridad alimentaria.

Así que debe considerar acciones para prevenir problemas sociales y ambientales del cultivo de palma de aceite.

Si bien con los palmares establecidos ya se han presentado los impactos ambientales, es necesario implementar una evaluación de impacto ambiental (EIA), para determinar bajo qué condiciones se está produciendo y determinar los impactos ecológicos.

Y de requerirlo; se elabore un plan de acción ambiental para reparar, mitigar o prevenir los impactos ambientales futuros.

La EIA también se debe aplicar en los predios donde se pretende establecer plantación nueva, que desde luego; la evaluación anticipada tendrá mejores resultados para el medio ambiente.

11.5.   Educación ambiental

Para que el cultivo sea sostenible debe tener un alto grado de conciencia ambiental, así que sin ello; la palma no podrá ser sustentable.

Ya que tiene una relación inseparable con el medio ambiente, necesita de importantes elementos naturales que son indispensables para su crecimiento.

El inconveniente es que en muchos de los casos no se ve esa importancia, y se minimiza el valor de los factores ambientales.

Pero si se quiere lograr que la palma sea sustentable, el productor debe reconocer a conciencia que la palma requiere de un medio ambiente sano para subsistir en el tiempo.

Lo que lleva a la concientización del productor desde el plano de las bondades económicas, pero también de los riesgos ambientales que supone establecer palma.

S necesario que desde la conciencia se comprenda que se dañan muchos ecosistemas si se siembra en áreas boscosas que exijan la tala.

Cada bosque que se pierde debilita la seguridad de la propia humanidad, por lo que estos representan para la vida en todas sus formas.

Es necesario lograr la sensibilización del productor sobre el cuidado de sus recursos naturales, los suelos, la biodiversidad, el agua.

Es la única manera de tener una plantación respetuosa con el medio ambiente.

Una adecuada educación ambiental, impacta en la forma de producir, pues se busca la armonía con el medio ambiente, sin necesidad de trastocar áreas boscosas dañando la biodiversidad.

Las acciones deben enfocarse debe enfocarse hacia una producción bajo una cultura de respeto de los recursos naturales.

Lo que no quiere decir que se dejen de usar los recursos naturales, sino que se use únicamente lo que se necesita evitando alterar los ecosistemas en perjuicio de las generaciones futuras.

Porque el éxito del cultivo está en que el productor comprenda la importancia de conservar todos los recursos naturales.

La conciencia debe estar más allá de un beneficio económico.

El productor debe ser capaz de comprender que los recursos naturales son sus aliados, aportan todo para garantizar la seguridad alimentaria y estos deben protegerlos para que esa relación continúe.

Es decir; los recursos naturales no necesitan del ser humano, pero este; depende de ello hasta para respirar.

Si se empieza a ver con una mirada de agradecimiento y no con una contemplación de provecho económico, se habrá progresado mucho.

11.6.   Tecnificación del cultivo

Tecnificar el cultivo puede resultar muy costoso, pero trae beneficios importantes en las formas de producir.

Lo ideal es que el cultivo se lleve a campo con las tecnologías adecuadas para mitigar muchas de sus debilidades.

La implementación de sistemas de riego, puede aumentar el uso eficiente del agua, pero también disminuir los impactos en los rendimientos por las sequias estacionarias.

Pero no es lo que hay para todos, a pesar de ello; a través del conocimiento técnico en el comportamiento del cultivo se pueden obtener resultados favorables.

No por otra cosa la expansión del cultivo es un hecho, pero se debe buscar la mejor forma de producirlo sosteniblemente.

Si bien existen importantes superficies con riego tecnificado, se debe pensar en tecnologías avanzadas que reduzcan los impactos negativos por producir palma.

Se tiene la ventaja de tecnologías modernas que pueden disminuir el uso de combustibles fósiles.

Es necesario fomentar la investigación y transferencia de tecnología en la aplicación de buenas prácticas.

11.7.   Utilización del compostaje

Si bien los productores con mayor capacidad que tiene plantas extractoras, pueden elaborar su propio compostaje con el raquis, no todos tiene la posibilidad de hacer el abono para la fertilización orgánica.

Sin embargo, es importante, ya que se le regresa a los suelos nutrientes y en menor costo.

En ese sentido; las plantas deben ser socialmente responsables y devolver al productor que ha entregado su producto, una parte de fertilizante orgánico.

Lo que ayudaría a que el productor abarate sus costos y además reutilice los residuos de la propia plantación, coadyuvando en la sustentabilidad del cultivo.

11.8.   Certificación de sostenibilidad

Definitivamente un tema nuevo para el agricultor a pequeña escala, pero muy necesario, si bien es un proceso que le añade un costo extra, se debe garantizar que la palma es amigable con los recursos naturales y otros fenómenos sociales.

Es necesario garantizar que el aceite de palma no viene de zonas recientemente deforestadas y que ha cumplido con los estándares sociales y legales de las zonas.

Si bien existen mecanismos más baratos, la poca educación ambiental junto con el factor económico y político contribuye a que no sean eficientes.

Por ello es que se ha llevado a los factores ambientales a un hostigamiento tal, que ahora se necesitan de nuevos modelos de protección para seguir produciendo en el futuro.

La intención de la certificación es proteger dos escenarios altamente vulnerables, como lo son; el medio ambiente y los derechos sociales de los entes involucrados.

Es necesario legitimar que el cultivo garantice el uso respetuoso de los bienes ambientales, pero también; los derechos humanos fundamentales. Pues la mejor forma de lograr la sostenibilidad de las actividades humanas es por la vía del respeto.

Aún hay mucho camino que recorrer para lograr la certificación, por ejemplo; es necesario organizar a los productores sociales, para que pertenezcan a alguna organización que los avale al momento de la certificación.

Aunque el proceso de certificación resulta un inconveniente para el sector social (productores que establecieron de 0.50 a 20 hectáreas de palma), ya que todavía no existe la cultura de agrupación y muchos de estos productores trabajan aislados.

Otro inconveniente es el costo adicional que necesita el productor para la certificación.

Pero es necesario, puesto que es una forma de certificar su producto como sostenible.

11.9.   Regulación y vigilancia del establecimiento

Se dice mucho de la deforestación de áreas boscosas por el establecimiento del cultivo, por ello; es necesario una regulación eficiente en materia de protección al medio ambiente.

Me parece que es necesario un protocolo o programa agroecológico para la producción y manejo del cultivo.

Además regular los suelos que se destinen para la siembra.

Si bien existe la declaratoria de que las siembras se deben realizar en suelos preponderantemente agrícolas y ganaderos, no se vigila que sea así.

No se requiere de centinelas, pues la solución está en el mismo destino de los suelos.

Pues los cultivos y las superficies ganaderas se encuentran registradas en el sistema de información agrícola y pecuaria.

La regulación en cuanto al establecimiento del cultivo debe ser más eficiente, máxime que se puede caer en la omisión de otras normativas que pueden exigir la responsabilidad ambiental.

Tal como se señala en la Ley General de Desarrollo Forestal Sustentable, artículo 24, numeral IX, párrafo II:

> *La Secretaría de Agricultura, Ganadería, Desarrollo Rural, Pesca y Alimentación no otorgará apoyos o incentivos económicos para actividades agropecuarias en zonas deforestadas o para aquellas que propicien el cambio de uso de suelo de terrenos forestales o incrementen la frontera agropecuaria, para tal fin,*

Partiendo de ello; es necesario llevar a cabo un control de los terrenos que solicitan cambio de cultivo o de uso de suelo, y emitir un permiso para la siembra de palma.

De esa manera ninguna superficie que no se encuentre registrada en la Secretaria de agricultura como agropecuaria, podrá obtener el permiso.

Por el contrario, se debe dar vista a las autoridades competentes para que inicien un proceso de investigación y determinen con mapeos satelitales, el destino de los suelos anterior al cultivo de palma.

CONCLUSIONES

Después de todo lo que he observado, tengo más que claro que el único pecado de la palma africana de aceite es tener muchas opciones de trasformación en medio de una sociedad económicamente implacable.

No hay ningún cultivo redentor, desierto verde, ecocidio legal, milagro económico, paquetazo, etc.

Pues la realidad es que son atribuciones de la imaginación humana, que busca encubrir sus responsabilidades.

Que de malo puede tener un cultivo, incluso una actividad; sino interviene la mano del ser humano.

A pesar de que todos tenemos la respuesta, cuesta mucho expresarla, quizás porque somos una generación que persigue estar a la vanguardia global.

Nos estamos convirtiendo en una generación que le da mayor importancia a lo que viste, que al agua que tiene para beber.

Quien diría que somos una generación de modas que se ha llevado a enfrentar sus propias paradojas.

Y en el caótico mundo de las incongruencias, la peor es que somos artífices de nuestros infortunios.

Entre esas concepciones de la realidad, que algunos llamaran galanterías románticas; una vez más se está ante una encrucijada.

En medio de una tormenta de opiniones, está la palma africana de aceite ocupando una silla que no le pertenece, la de los acusados.

Mientras todos tratan de defender sus razones, en los campos agrícolas se introduce el cultivo como una llovizna.

Pero para cuando se encuentren puntos de acuerdo, si es que se logra; ya habrá daños colaterales de difícil reparación.

Y no es porque el cultivo sea malo, sino más bien; la combinación de una mala praxis con la ambición, pueden comprometer muchos escenarios de la vida.

No se debe perder de vista que la palma tiene una importante longevidad, así que no se debe establecer de manera improvisada.

Pues eso vulnera más factores ambientales, importantes para la propia subsistencia humana.

Es por ello que no debe tener cabida una agricultura basada en prueba y error.

Y ese precisamente uno de los principales problemas que se tiene, el cultivo se ha improvisado buscando presumir las cifras que se han sembrado en campo.

Únicamente se escucha el eco de las campañas que remarcan los rendimientos y las ganancias monetarias.

Convirtiendo en detalles los costos económicos y medioambientales que también hay que pagar por establecerlo.

La popularidad que ha ganado el cultivo minimiza sus debilidades y amenazas, y paradójicamente; sensibiliza los resultados que se espera.

No se discute que el cultivo tiene un atrayente económico natural que no se compara con los cultivos tradicionales.

Y eso lo hace tan irresistible, que incluso cualquiera que tenga tierra para sembrar, le apuesta a la palma.

Tiene muy buenas expectativas en los campo agrícolas, tanto; que agricultores, ganaderos, inversionistas y los que nunca habían sembrado nada, quieren sembrar palma.

No pretendo juzgar los beneficios, mucho menos clasificar a los palmeros, pero bajo estos escenarios qué tan sostenible pude ser el cultivo.

Y es que a pesar de sus bondades; no es ajeno a la realidad que la decisión de sembrar un nuevo cultivo con pleno desconocimiento, ha impactado a la biodiversidad de manera irreversible.

Pues lo que se pensó como un cultivo que reforestara áreas preferentemente ganaderas, ha incitado a cambios de cultivos, cambios de uso de suelo y desmontes de áreas forestales.

Inclusive en los campos ganaderos, es muy común dejar árboles para que el ganado sombreé o pase las inclemencias de las temperaturas que se presentan en las zonas tropicales.

Pero en el cambio de uso de suelos ganaderos, es necesario talar un sinnúmero árboles, que en algunos casos; tienen muchos años de edad.

A un poco más de cien mil hectáreas de palma establecidas en el trópico húmedo de México, es evidente el incremento de la deforestación.

Por poner un ejemplo; el sector social, antes de este fenómeno; por décadas subsistió con una agricultura de autoconsumo, que independientemente del cultivo, no sembraba más de 3 hectáreas por sus condiciones económicas.

Con el establecimiento del cultivo de palma, estableció superficies hasta de 20 hectáreas, lo que significa que aun siendo terrenos agrícolas (totalmente descampados) al establecer una superficie mayor a lo que sembraba con otros cultivos, necesariamente taló áreas forestales, quizás montañas de muchos años.

Y si fue el caso que arrendó sus terrenos, estos fueron descampados en su totalidad.

Y aunque no se quiera ver así, incluso se niegue una realidad tan evidente; el cultivo ya ha dejado su huella a los ecosistemas.

A pesar de los estragos causados, se observan plantaciones abandonadas, es decir; después de los costos económicos y ambientales implicados; por las circunstancias que sean; el productor no fue capaz de hacer producir el palmar.

Aunque los discursos digan que no, el cultivo pone en riesgo la seguridad alimentaria, sobre todo; de los lugareños que en pequeñas superficies; producía granos básicos para el sustento de sus familias.

Ahora ya no pueden sembrar otro cultivo, porque siembran palma o arrendaron sus tierras a otros.

La fruta de la palma no es auto consumible, depende de un mercado con características específicas.

Si bien la fruta es muy atractiva para alimentar animales de traspatio (cerdos, aves, borregos, chivos), el cultivo es sumamente caro para cosechar el fruto para alimento de sus animales.

Desde que se aceptó la palma en el trópico húmedo como una realidad agrícola y en lo que va del tiempo; se denota un problema ambiental a inmediato, mediano y largo plazo.

La sostenibilidad del cultivo se sensibiliza cada vez más con el incremento de la tala y la contaminación de los suelos y las corrientes de agua.

Además de que no abona en mucho la falta de conocimiento, los costos económicos, el abandono de plantaciones y falta de asistencia técnica.

Y como no; si el desconocimiento del manejo y la falta de recursos, ha estimulado que el productor realice sus propias fórmulas químicas, exponiendo a los suelos a una intoxicación.

Bajo este esquema de producción es innegable el impacto a la biodiversidad, se tala una gran cantidad de flora nativa, al quedar los terrenos descampados; la fauna silvestre se obligada a modificar su hábitat emigrando a otras áreas y algunos se quedan en el intento.

Apenas a tres décadas de haberse iniciado el establecimiento del cultivo, se ven claramente los estragos.

Y muchos de los desastres ecológicos ni siquiera han valido la pena, pues hay plantaciones en edad productiva, abandonadas por la falta de recursos económicos para el mantenimiento.

Una cosa ha llevado a la otra, porque si bien es cierto que la plantación requiere de una inversión económica fuerte, no es menos cierto que; los costos pueden alterarse al aplicar un manejo empírico.

El uso a libre demanda de químicos innecesarios o inadecuados, eleva los costos tanto económicos como ambientales.

Tal es el caso de la nutrición, el uso inmoderado de ciertos nutrientes que puede provocar un crecimiento desproporcionado, la intoxicación de los suelos, la quema de la planta, y al final; un derroche económico y un daño ambiental.

De seguir con esas prácticas, el cultivo no puede ser redituable ni sustentable en el tiempo, pues el aprovechamiento acelerado a corto plazo, tarde o temprano lo colapsará.

El cultivo presenta debilidades y amenazas importantes, que de no ser tomadas en serio, provocará la desaparición del reciente sector social palmero.

Es importante entender que no es un lujo analizar el cultivo desde otros matices, pues para lograr su desarrollo sostenible se debe conocer y garantizar su relación con el medio ambiente y la sociedad.

Se debe tener certeza, no sólo económica; sino también socio-medioambiental, pues estos dos últimos se relacionan de manera importante con su establecimiento y permanencia en los campos agrícolas.

De otro modo, los palmeros no podrán sostener el cultivo a largo plazo y si eso sucede; será bajo costos ambientales de difícil reparación a una escala humana.

Es evidente la orientación exclusivamente económica en la que se versan los promocionales y los deseos de establecerla.

Tal vez porque el cultivo está en proceso de aceptación, transición y adaptación tanto para el productor como para el gobierno.

Pero se ha convertido en una actividad de ensayo-prueba-error, que está provocando importantes pérdidas de cobertura vegetal y disminución económica a los propios productores.

Claro que para unos cuantos, donde la actividad no es tan nueva; esta confusión puede aprovecharse y sacar los mejores beneficios.

Ante los ojos de la sociedad, el gobierno hace su mejor esfuerzo, ha implementado un paquete tecnológico, señalando aspectos generales y técnicos del cultivo, además de que existe una legislación más allá de lo generalizado, o sea; ineficaz, para tratar los asuntos ecológicos del cultivo.

Aun y con las buenas intenciones, el productor desconoce el paquete tecnológico, y ni que decir; de la legislación ambiental, es más; deliberadamente se objetan los tamices ambientales.

Pareciera que los recursos naturales de la tierra son antagonistas del cultivo, lo que se debe a las campañas mal aplicadas, porque desde una perspectiva agrícola es evidente el beneficio para la actividad y por ende para ellos mismos y de las futuras generaciones.

Por eso cuando se habla de la armonía con los recursos naturales, existe una negación.

Tal vez porque en la publicidad, los rendimientos enamoraron tanto, y por un error involuntario se omitió señalar que era necesario la aplicación de una evaluación de impacto ambiental.

De hecho si se quiere establecer un cultivo sustentable, al igual que la capacitación técnica, los filtros ambientales son necesarios.

Es más; las zonas tropicales tienen importantes ecosistemas que deben protegerse por encima de cualquier beneficio individualizado o sectorizado.

Razones suficientes para aplicar instrumentos eficientes que determinen el impacto ambiental, para de ser posible; elaborar un plan de acción ambiental.

En este momento; el sector palmero es más que un estandarte para presumir cifras en siembra, producción y ganancias económicas.

Están en riesgo muchas cosas, por eso es importante que se exploten las bondades del cultivo, pero con una plena conciencia de sus debilidades económicas-ambientales.

De otro modo; indiscutiblemente los suelos tendrán que pagar un costo, por los 30 años que soportará las exigencias del cultivo para producir.

Si bien son muchos los escenarios que se viven algunos buenos, otros no tanto; aun así el cultivo no se debe satanizar, sino buscar un equilibrio entre el desarrollo integral y el entorno natural.

Lo cierto es que la fórmula para alcanzar la sostenibilidad es muy simple.

Y este redunda en que los costos sociales, ambientales y económicos deben ser menores a los beneficios monetarios.

Y debe ser así porque se debe tener plena conciencia de que no se necesita ir tan lejos, mucho menos esperar tanto para pagar cada error que se cometa.

Finalmente las heridas del ayer son marcas del hoy que amenazan el mañana.

ANEXOS

Trascribiré algunas entrevistas que se realizaron enfocadas en las experiencias que los productores han obtenido con la siembra de palma. Por razones de protección de datos personales, se omiten datos personales de cada uno de los entrevistados.

El motivo de seleccionar éstas y no otras, es por el contenido de la información que se recabó, me parece que contienen datos relevantes para conocer la realidad en los campos.

Entrevista 1

Entrevistadora: Rosalva Narvaez Diaz

Entrevistado: AM. Productor social

La entrevista se enfocó a las vicisitudes que el productor presentó cuando decidió establecer el cultivo de palma africana de aceite en su localidad.

Entrevistadora: Señor AM, porque decidió establecer el cultivo de palma en su predio

Entrevistado: Fue una ventura agrícola, que me costó varios miles de pesos y vender algunas de mis vacas, hoy sé que fue una mala decisión, pero ya lo hice, y no puedo regresar el tiempo. En realidad me dejé llevar por la emoción de los rendimientos y ganancias que nos prometió el gobierno y la unión de palmicultores. Nos dijeron que nos iban ayudar con la planta y que además año con año nos apoyarían con el mantenimiento, incluido el fertilizante, pero nada de esto fue cierto, me dieron la planta y una capacitación de como sembrarla y luego se olvidaron de nosotros. La unión de palmicultores me ofreció apoyo los años siguientes pero con créditos donde nos pedían hipotecar mi casa, varios compañeros lo hicieron, yo no lo hice y pues el primer y segundo año todavía recuerdo que gaste 15,000 mil pesos en fertilizante pero ya no pude sostenerlo más.

Entrevistadora: ¿Qué paso con esa plantación?

Entrevistado:- La abandoné, hoy después de cuatro años apenas empieza a producir pero no la cosecho, dejo que se la coman los animales silvestres, porque no tengo dinero para invertirle y he solicitado al gobierno apoyo y no me autoriza nada, estoy en pláticas con una persona que quiere que se la arrende, tal vez me convenga aunque es poco lo que me ofrece pero es una entrada fija, ya conoce la plantación y dice que metiéndole dinero la planta levanta.

Entrevistadora: Sr. AM ¿Cuánto le han ofreció pagar por el arrendamiento?

Entrevistado: Pues poco, 800 mensuales por hectárea por eso no hemos amarrado porque yo le dije que aunque sea me de 1,000 pesos mensuales por hectárea.

Entrevistadora: ¿Qué superficie tiene sembrada con palma?

Entrevistado: Sembré 10 hectáreas, pero sólo se me lograron 8 porque dos hectárea se murieron con una sequía que pegó muy fuerte, así que se me murió mucha planta y ya no pude resembrar porque la sequía se prolongó mucho y pues no tengo sistema riego por lo que dependía de las lluvias así que no tenía caso resembrar, los suelos estaban agrietados y se veían hasta blancuzcos.

Entrevistadora: ¿Cómo seleccionó los suelos para la siembra de su palma?

Entrevistado: Creí que en cualquier parte podría sembrar, así que ocupe 5 hectáreas de pasto, 2 de maíz y frijol y 3 hectáreas de montaña alta y las tumbe para sembrarla, hice la preparación del suelo y luego la sembré en una planada. Luego cuando nos dieron una plática por parte de palmicultores nos llevaron a visitar unos viveros y otras plantas que se veían muy bonitas pero también esperaban ya tres años y aun sin producir, por lo que para nosotros que vivimos de la agricultura de autoconsumo no es fácil esperar tanto pues la familia tiene que comer. Creo que no debí de dejar de sembrar mi frijol y maíz que eso si podemos comerlo, no que el fruto de la planta pues si no lo vendemos a las extractoras a precio bajo qué hacemos con la producción.

Entrevistadora: ¿Cómo preparó los suelos?

Entrevistado: verá usted; fue más fácil tumbar y quemar la montañita que acabar con el pasto, ese sí que estaba aferrado; primero lo fumigue con cerillo, le puse harto para que se muriera todo, pero en esos días cayó una lluvia fuerte y todo se lavó, así que no sirvió de nada; pero mi vecino me dijo que el acabo el pasto con glifosato, así que compré y lo tiré al pasto y ese si se lo llevó bonito, me dejo pelada la tierra para sembrar. (*sic*)

Entrevistadora: ¿conocía algo del manejo del cultivo de palma?

Entrevistado: nada, no sé cómo me metí en esto, pero mi hijo ya pronto iba a ir a la universidad y queríamos más ingreso para poder mandarlo a estudiar.

Entrevistadora: Entiendo; usted ya tiene la plantación, ¿le gustaría rescatarla para recuperar por lo menos lo que invirtió?

Entrevistado: La mera verdad, sin conocimiento y dinero para nosotros los campesinos, es un problema, así que creo que no, la dejaré ahí porque incluso tumbarla me cuesta dinero, trabajaré en las otras hectáreas que me quedan, aunque me costará porque tendré que tumbar otro poco de montaña para seguir con un poco de maíz y frijol.

Entrevistadora: ¿tiene otros ingresos para sostener a su familia?

Entrevistado: Pues lo bueno que no acabe mi pasto y me quedaron unos ganados, así que seguiré con esa actividad mientras cosecho frijol y maíz. (*Sic*)

Entrevistadora: Gracias por su tiempo.

Entrevista 2

Entrevistadora: Rosalva Narvaez Diaz

Entrevistado: AF. Productor sector privado

Entrevistadora: Sr. AF. Usted sembró una superficie importante del cultivo, dígame, ¿Conocía usted el cultivo cuando lo estableció?

Entrevistado: En realidad no conocía nada, de hecho el primero año que se sembró, la inversión fue bastante porque se tuvo que preparar el suelo con maquinaria, se hizo nivelación y subsoleo, se estableció una parte con sistema de riego, y aunque eran terrenos principalmente ganaderos, aun así se requirió de una preparación costosa pues por lo general teníamos divisiones de 100 hectáreas hechas con cercos vivos y además zonas arbustadas que servían de sombreadores para el ganado, así que a todo eso se le pasó maquinaria para descampar completamente los terrenos. Entonces entre mano de obra y uso de maquinaria e insumos, si se pagó una importante cantidad de dinero, por eso le digo que me arriesgue mucho porque no lo conocía, pero los ingenieros que saben un poco más de esto me encampanaron y dijeron que según el análisis del suelo este indicaba que mis suelos eran aptos para establecer el cultivo con unos rendimientos muy atractivos al 5 año, pero que la planta empezaba a producir a partir de los tres años de sembrada aunque con rendimientos bajos al año tres esta ya se costeaba su propio mantenimiento, así que decidimos hacer la inversión, aunque cuando pasó el primero año me rajé porque la planta estaba sin desarrollar, muy marchita y estresada así que eso me preocupo porque a ese paso no produciríamos lo que se había dicho y pues yo le seguía invirtiendo con el mantenimiento. Pero de repente las cosas cambiaron y contra toda la experiencia de los otros países hice producir la plantación a los dos años de edad con buenos rendimientos y estoy produciendo mi propio humus. Créame que hoy me alegro por el riesgo que tomé y el recurso invertido porque estoy cosechando muy buenos rendimientos.

Entrevistadora: Acaba de señalar que los terrenos eran preponderantemente ganaderos, ¿Qué otras actividades realizaba en los suelos que ocupo para sembrar palma africana de aceite?

Entrevistado: Pues una parte era acahual, otra parte era monte alto y otra parte la utilizábamos para sembrar un poco de maíz, pero no puede dejarlas porque dentro de los costos y las ganancias de este cultivo exige que las áreas sembradas sean compactas para disminuir los costos de mantenimiento y cosecha, de hecho también derribe una montañita que tenía, aunque le tenía cariño; las ganancias son las ganancias.

Entrevistadora: ¿Le tocó derribar zonas forestales?

Entrevistado: Sí, el cultivo es bueno y pues ya se reforestó con toda la palma que se sembró.

Entrevistadora: Comentaba también que la inversión económica es significativa, ¿sabe usted cuanto invirtió para establecer una hectárea de palma africana de aceite?

Entrevistado: Claro que lo sé, pues salió de mi bolsillo, pues fue muy poco lo que el gobierno nos apoyó, este solo nos dio recursos para compra de la planta, lo demás lo pagué con recursos propios y con créditos financieros que solicité, aunque si varía dependiendo de cada situación del terreno en donde se pretende sembrar, en algunas áreas nos costó más que otras establecerlo pero en promedio, según los reportes se invirtió por hectárea 35,000.00., solo por el establecimiento porque después se lleva bastante recurso para la nutrición, si es que queremos hacerla producir, pero de eso se trata, o no.

Entrevistadora: Sr. AF mencionó que su plantación empezó a producir a los dos años de edad, ¿Cómo logro superar los antecedentes de producción del cultivo?

Entrevistado: Bueno como le dije, al año la plantación estaba muy marchita y maltratada, entonces el Ingeniero vino y me hizo un análisis de suelo y foliar para ver las necesidades de nutrientes de la planta y me dijo –quieres recuperar tu plantación- y le conteste –claro ya le invertí mucho dinero y estoy endeudado con el crédito- así que me dijo: -tu solución está en la nutrición de la planta, tienes que darle de comer nutrientes, pero te significará un poco más de inversión, si quieres hacemos la prueba y veras como en una semana la planta reverdece y agarra vida de nuevo- así que acepté el reto; a la segunda semana de aplicar nutrición, mi planta era una chulada y contra todo los antecedentes del cultivo, mi plantación empezó a producir a los dos años de edad y me empezó a dar 4 racimos por planta como de 11 kilogramos en promedio cada uno, pues imagínese que se me habían dicho que la planta empieza a producir al tercer año racimos de entre 2 y 4 kilogramos, yo con el manejo de la planta disminuí el tiempo a dos años y además triplique el peso del racimo cosechado a los dos años de edad.

Entrevistadora: Interesante; ¿Qué tipo de nutrición le aplicó?

Entrevistado: la que me indicó el técnico y se le puso al pie de la letra, porque yo sabía que me estaba costando pero ahí estaba el gane.

Entrevistadora: mencionó que está utilizando humus ¿puede explicarme en qué consiste?

Entrevistado: Fíjese en el tercer año ya tenía una buena producción pero estaba constándome importantes cantidades de recursos para la compra de fertilizantes, aunque ya la plantación lo pagaba, pero me dice mi ingeniero, hay como lo quiero, de verdad que sabe; -te tengo una solución para que sostengas parte de la nutrición abaratando tus costos, pero te generará una inversión para construir infraestructura- y pues le dije: -cuéntamelo todo- entonces me dijo: -tu solución es la raquis de la palma de aceite hay que hacer una composta para apoyar al suelo y apoyará también tu bolsillo- y me gustó la idea, por lo que construí unas naves con depósitos para producir mi propio abono orgánico, en un depósito se concentró de toda la raquis de la planta que sale del fruto de la palma, se le metieron unas lombrices composteras para que desintegren todo los residuos y después se hizo un mecanismo para que este haga el movimiento mecánico y no manual, todo el compostaje realizado por las lombrices pasa por unos conductos para almacenarlo en depósitos, este humus se puede aplicar sólo o dependiendo del análisis foliar; si la planta requiere de otros nutrientes se puede apoyar con una mínima parte de fertilizantes comerciales ya sea orgánico o químico.

Entrevistadora: ¿A partir del uso del humus, ha observado resultado diferente en los rendimientos?

Entrevistado: Definitivamente si, desde que empecé aplicar esto los rendimientos no sólo se mantuvieron sino que se incrementaron, pues la primera plantación tiene 5 años y está me está produciendo racimos de 40 kilogramos, y todos los racimos están parejos y me da por mata 5 racimos listos para la corta, estoy cortando cada 10 días por lo menos, tanto en la plantación que esta con riego como la que tengo con temporal, así que si corto todo el año, eso mismo me da materia prima para seguir sosteniendo el proceso de compostaje, por lo que al producir mi propio material orgánico, no solo nutro la planta sino que además le estoy regresando al suelo un poco de lo que le da a mis palmitas, así que siendo así, los suelos no se verán tan afectados por la producción.

Entrevistadora: Es una producción importante ¿Dónde entrega toda su producción?

Entrevistado: Antes aquí cerca en la extractora Agroindustrias Candelaria, pero ya no tiene la capacidad para recibir mi producción, así que ahora estoy entregando al Grupo Agroforestal UUMBAL, en Palenque, Chiapas, pero esto en proyecto de poner mi propia planta extractora.

Entrevistadora: ¿La planta sólo es para procesar su producción o tendrá capacidad para recibir producción de otros productores de los alrededores?

Entrevistado: Mire que bueno que me lo pregunta, pretendo dar valor agregado a mi producción y a los productores de los alrededores para que les cueste menos el flete y además se les pague mejor el precio, ya se han empezado a organizar los productores para que también se les apoye con humus para su producción o para que se les capacite como pueden realizar su propio fertilizante orgánico.

Entrevistadora: con la experiencia que ahora tiene con el cultivo de palma, ¿Qué le sugiere productor social?

Entrevistado: Que el cultivo tiene buenos rendimientos, pero para conocerla hay que invertirle, hay que tratarla bien y darle un manejo adecuado, por lo que si no tiene suficiente recurso para invertirle que siembre lo que está en sus posibilidades atender de forma adecuada, pues no se trata de acaparar superficies pues los rendimientos luego serán los mínimos por la falta de atención, además deben realizar sus propios compostajes con los residuos de planta, en realidad ese proceso se puede realizar sin tanta infraestructura y puede ayudar a reducir los costos del uso de fertilizante químico, por la experiencia que tengo en cuanto a costos, un productor social sin apoyo no puede sostener más de 5 hectáreas de palma africana de aceite por su cuenta, ya que este le dejará todo el trabajo a los suelos y entonces los rendimientos son mínimos.

Entrevistadora: SR. AF. Muchas gracias por su tiempo y la información proporcionada, que desde luego son aportes importantes para el productor del cultivo.

Entrevista 3

Entrevistadora: Rosalva Narvaez Diaz

Entrevistado: BR. Productor social

La entrevista se enfocó en las eventualidades del cultivo

Entrevistadora: Sr. BR. usted es de los pineros del cultivo ¿Ha tenido problemas?

Entrevistado: Han sido muchos los problemas, yo establecí el cultivo con mi padre hace 19 años, sembramos 24 hectáreas en donde teníamos sembrado maíz y cítricos y desde ahí ha sido un peregrinar constante, primero los costos, plagas, enfermedades, aun así; nosotros empezamos con buenos rendimientos, pues los suelos están cerca del rio por lo que siempre nos favoreció pues no sufrimos de sequía pero si por el calor y el frio, ahorita la planta está en su mejor momento de rendimiento pero tenemos el problema de que creció mucho y ya nos cuesta mucho trabajo y dinero la corta, eso mismo genera accidentes a los cortadores, pues hace unos meses a un compañero le cayó un racimo y le quebró la pierna, además la gente siempre anda con temor porque la plantación llama muchas víboras.

Entrevistadora: ¿Cuál es el rendimiento por hectárea?

Entrevistado: Ahorita estamos cosechando alrededor de 20 toneladas al año, y los racimos alcanzan entre 25 y 30 kilogramos, así que son buenos, pero si existen muchos riesgos en la corta pues como le decía, ya hemos tenido accidentes con trabajadores.

Entrevistadora: Comentaba que cuando empezó con el cultivo, presento dificultades con los costos ¿a qué se refiere con dificultades con los costos?

Entrevistado: No, pues es un cultivo muy caro, la mera verdad ahora no sé con exactitud cuánto nos costó mantenerlo pero si ha llevado dinero en cantidad, al principio la abandonamos un poco porque había que meterle fertilizante y pues no conocíamos nada de la planta por lo que empezamos a ponerle lo mismo que le poníamos a los cultivos anteriores, ya que cuando quisimos contratar a un ingeniero aquí en la zona no encontramos a nadie que tuviera conocimiento del cultivo y la unión de palmicultores a la que pertenecemos nos llevó algunas ocasiones a ver plantaciones en el Estado de Chapias pero no nos enseñaron como manejarla, así que con la práctica aprendimos, y pues eso nos encareció los costos porque no sabíamos cómo tratarla, así que tuvimos que hacer una fórmula para fertilizar y comprarla de nuestro propio recurso, ya que el gobierno nos prometió apoyo y nomás no llego. (*Sic.*)

Entrevistadora: Sr. BR. Comentaba que hizo su propia fórmula para fertilizar su planta ¿puede compartirme su fórmula?

Entrevistado: Hubo la necesidad de hacerla para poder fertilizar la planta y esta aguantara, engrosara el tronco y reverdeciera la planta; por lo que hicimos un compuesto de 500ks K + 700kg P +400kg N para fertilización anual de una hectárea de palma y desde ese entonces es la que hemos aplicado por años y nos ha dado resultados.

Entrevistadora: ¿La fórmula se realizó con apoyo de un análisis técnico?

Entrevistado: Esa fórmula nosotros la realizamos en base a la experiencia, pues no teníamos recursos para traer un ingeniero de afuera y el gobierno pues no apoya con asistencia, creo que para nosotros sería más fácil si el gobierno se comprometiera con el campo campechano, ya que el productor da tumbos sólo. (*Sic.*)

Entrevistadora: Volviendo al tema de las eventualidades del cultivo, comentaba también que tuvo algunas incidencias con plagas y enfermedades ¿puede mencionarnos alguna que recuerde?

Entrevistado: El picudo negro, en un animalito que se introduce a la planta y genera pudrición de cogollo, el ataque es muy común ya que esta aprovecha cuando se corta fruta, muchas veces se lastima la palma con el malayo y el picudo entra y barrena la planta, así que si ataca esa planta hay que podarla hasta donde está el barreno y se coloca fungicida, es la única manera de control. Además hemos tenido que lidiar con la rata y la tuza que estas se sienten muy a gusto en la plantación comiéndose las raíces de la palma, por lo que hay que aplicar trampas con cebos envenenados para que no destrocen las raíces, ya que si ataca mata la planta, además tenemos la visita de las hormigas, ya que la planta es dulce y esta llama mucho a las hormigas que hace nido en los troncos, por lo que estas las combatimos con Foley o DDT, el otro problema son las víboras que se suben a la planta generando un riesgo constante de picadura al momento de contar el fruto.

Entrevistadora: Comentaba que el calor y el frio han significado un problema para la plantación ¿Cómo le afecta?

Entrevistado: Bueno el calor la madura con mucha rapidez por lo que hay que hacer una corta seguido y el frio la atrasa, por lo que en los meses que la temperatura desciende los rendimientos disminuyen, y en los tiempos calurosos hay que cortar seguido para que no vaya a mermar mucho en la entrega del fruto.

Entrevistadora: volviendo al tema de los costos, señalaba usted que es un cultivo que demanda muchos recursos económicos.

Entrevistado: Sí, desde que se siembra es invertir e invertir, cuando nosotros iniciamos lo hicimos porque nos dijeron que el gobierno iba a poyar pero solo nos ayudó para sembrar y después de eso una vez me apoyo con fertilizante pero no volvió a darnos nada, así que para mantener el cultivo tuvimos que vender animales, pues sino de donde si nosotros no tenemos entradas fijas de dinero así que había que buscar de donde pagar los gastos.

Entrevistadora: Sr. BR. le agradezco su información y colaboración, muchas gracias.

Entrevista 4

Entrevistadora: Rosalva Narvaez Diaz

Entrevistada: LM. Productora social

La entrevista se enfocó en el conocimiento de cultivo y manejo que la productora le brinda a la plantación, respetando la equidad de género se realizó esta entrevista a una mujer.

Entrevistadora: Sra. LM. ¿Cómo es que decide sembrar palma?

Entrevistada: Bueno, fue mi difunto esposo quien lo inicia, aunque yo lo ayude siempre en todo, hace 17 años sembramos 4 hectáreas en la parcela y después en el 2014 sembramos otras 3 hectáreas, todas están en producción y alcanzado buenos rendimientos y ahora que mi viejo ya no está yo me encargo de verla y darle el mantenimiento, pues varios años manejando el cultivo con él aprendí mucho.

Entrevistadora: Sra. LM. ¿Qué rendimientos le da la plantación?

Entrevistada: Pues como tenemos plantas de diferente edad son rendimientos diferentes, la planta de 15 años me está dando entre 10 y 13 toneladas anuales por hectárea y la planta que tiene apenas 3 años está empezando a producir y me da entre 580 y 650 kilogramos anuales por hectárea, pero para que estos rendimientos aumenten o por lo menos se sostengan, se debe aplicar mucho fertilizante sino los rendimientos bajan, ya que como lo establecimos en temporal en las épocas de sequía si se merma la producción pero el gasto no baja sigue siendo la misma en mantenimiento.

Entrevistadora: Sra. LM. ¿Conoce el costo del mantenimiento?

Entrevistada: No, nunca me pongo a sacar cuentas, no la he sacado nunca pero he gastado mucho en mantenimiento y fertilizante, pago y pago fertilizante, chapeo, mano de obra; a veces cuando viene la cosecha, ya debemos parte de ese dinero con los proveedores que nos dan insumos fiados, pero ahí vamos, sale para que la familia tenga sus alimentos diarios.

Entrevistadora: Comento que aplica fertilizante ¿Cómo determina la cantidad que necesita cada planta?

Entrevistada: Pues la experiencia me ha enseñado, al principio si se complicaba pues no sabíamos ni cual ponerle, hasta que nos decidimos por urea y triple 17, esos usamos.

Entrevistadora: Sra. LM. ¿Tiene asesoría técnica?

Entrevistada: No, a veces recibimos pláticas de la unión de palmicultores, pero eso es de vez en cuando y lo que por lo general se nos dice es que sigamos sembrando pero sin apoyo cuando, mi difunto esposo al principio le pedía a la unión que nos capacitaran y que vinieran a los predios hacer análisis de suelos, ya que aquí por esta zona hay áreas donde el sascab está muy encima y las raíces de la planta cuando tocan ese suelo dejan de crecer y se ponen amarillas, se requiere de un ingeniero que sepa para que la plantación nueva que se siembre sea en suelos adecuados, ya que esa planta mal sembrada sobre el sascab es pérdida para nosotros porque esa planta no produce. (*Sic.*)

Entrevistadora: ¿Ha recibido apoyo gubernamental?

Entrevistada: Al principio nos dieron para comprar la planta que se sembró, pero sólo para eso todos los demás trabajos fueron por cuenta de nosotros y pues la inversión si fue fuerte, aunque la promesa fue que año con año nos iban a apoyar con recursos para el mantenimiento esto no ha sucedido, los recursos no llegan y nosotros tenemos que seguir invirtiendo para que la planta no muera, afortunadamente la planta ahorita ya produce pero al principio nos la vimos difícil porque no podíamos abandonar la planta porque ya nos había costado, por lo menos las ganancias ahora son pocas pero ya no le invertimos mucho.

Entrevistadora: ¿Por qué decidió sembrar palma?

Entrevistada: Nos dijeron que los rendimientos eran mejores a cualquier otro cultivo y que se cosechaba todo el año con ganancias muy buenas, además que era un cultivo dócil, y que duraba muchos, y lo más importante es que este cultivo a diferencia de los otros que sembrábamos antes, tendría apoyo del gobierno para establecerlo y mantenerlo y por eso nos encampanamos.

Entrevistadora: ¿Ha presentado problemas con el cultivo?

Entrevistada: Si muchas, la planta crece mucho y llega el momento en que su corta es difícil y más cara, las plagas como hormigas, ratas, tuzas que hay que estarlas combatiendo, y toda clase de animales silvestres que se come el fruto, además de las enfermedades, la sequía que nos afecta, este año no llovió casi nueve meses y pues los suelos se secan mucho por aquí y este año a mediados cayeron unas lluvias que inundaron mi planta, aún está dentro del agua y los suelos que no todo el terreno tiene las mismas características para sembrar planta, en mi terreno tengo suelos donde el Ph afecta y no sabemos cómo solucionarlo, además suelos donde el sacab está a menos de 80 centímetros lo que provoca que la planta sembrada en esos suelos se pierdan, cada problema que enfrentamos es un costo adicional y una ganancia menor, pero que le vamos hacer ya estamos ahí y pues no podemos abandonar las plantas. (*Sic.*)

Entrevistadora: Sra. LM. Gracias por su tiempo y colaboración

Entrevista 5

Entrevistadora: Rosalva Narvaez Diaz

Entrevistado: VZ. Ingeniero Técnico especializado de origen colombiano, brinda asesoría a un importante número de inversionistas colombianos y mexicanos.

La entrevista se enfocó en la indagación de criterios técnicos del cultivo.

Entrevistadora.- Ingeniero VZ. ¿Cuántos años tiene trabajando en la asistencia técnica del cultivo de palma africana aquí en México?

Entrevistado: Tengo ya 15 años de trabajar con el cultivo aunque aquí en el trópico húmedo, y un poco menos de 7 años trabajando constantemente con productores, por lo general del sector privado.

Entrevistadora: ¿De dónde se trae el material vegetativo que se siembra en esta zona?

Entrevistado: De Colombia y costa rica, aunque hay variedades que se adaptan mejor a los suelos y son mejores para el manejo de la plantación.

Entrevistadora: ¿Qué variedad se siembra en el trópico?

Entrevistado: Existe la palma compacta y la convencional, la diferencia que hay entre ambas es que la planta compacta crece menos que la convencional, haciendo que sea más eficiente en la corta del fruto. Pero la desventaja es que es mucho más cara producirla por lo que el costo de la planta en vivero también se encarece, por eso casi no se está manejando esta variedad por esta zona.

Entrevistadora: Pero los beneficios de la planta compacta son mejores ¿cierto?

Entrevistado: Por supuesto que sí, el productor puede ahorrarse laboreos y maniobras, por lo tanto también recursos económicos, sólo que el costo de la planta es mayor evitando que el productor social no pueda adquirirla, el gobierno apoya ahora mismo con recursos para la compra de la plántula pero la está cotizando en 72.72 pesos y pues ese valor no alcanza ni para la planta convencional, así que imagínese de donde el productor paga lo demás. El precio que ahora mismo maneja el gobierno no es el precio ni puesto en vivero, solo que los viveristas también requieren sacar su plantación ya que de los contrario una planta en vivero muy vieja requiere de más inversión y si no se lleva a campo es plántula perdida, así que la planta se ajustó al precio de 72.72 pero puesto en vivero, el traslado y maniobras tendrá que ir por cuenta del productor.

Entrevistadora: ¿Cuál es la edad promedio en la que la planta convencional empieza a producir?

Entrevistado: Varía; dependiendo del manejo que se le dé a la plantación esta puede empezar producir entre el año 3 y 4 de vida de la planta, pero en esta zona he visto planta en campo ya con 5 años y aún no está produciendo.

Entrevistadora: ¿A qué cree que se deba que 5 años después aun no produce un palmar?

Entrevistado: Definitivamente a la falta de mantenimiento y nutrición adecuada.

Entrevistadora: Según su experiencia ¿Cuáles son las principales plagas que se presentan en el cultivo?

Entrevistado: Pueden ser muchas dependiendo de las condiciones de la plantación, si es una planta descuidada seguramente tendrá más plagas que una planta que está muy atendida; entre las principales y más comunes están: los roedores y picudo negro aunque puede darse la presencia de ofidios (serpientes) que se guardan arriba de la planta y otros insectos como las hormigas que en la palma encuentran condiciones muy apropiadas para alimento.

Entrevistadora: ¿Es posible intercalar cultivos con la palma africana de aceite?

Entrevistado: Posible si, viable económicamente no, ya que incluso los primeros años de vida de la plantación si se intercalan otros cultivos, estos también absorberán nutrientes del suelo, por lo que puede llegar a generar competencias con el cultivo de palma y reducir la velocidad de crecimiento y esto puede dar como resultado la saturación de los suelos y dependiendo del cultivo y la condiciones del suelo se puede llegar a alterar la química del suelo.

Entrevistadora: En su experiencia ¿Considera que existe algún impacto ambiental por el establecimiento del cultivo de palma?

Entrevistado: Bueno, todos los cultivos en mayor o menor proporción impactan a la biodiversidad, en el caso específico de la palma si se establecen en bosques o áreas de protección será una amenaza, pero si se establece en potreros de tradición agrícola o ganaderos y se le da un manejo adecuado, no debe haber amenaza.

Entrevistadora: ¿Cuáles son las oportunidades que presenta el cultivo?

Entrevistado: Considero que tiene varias; generación de empleos, mejora dinámica de la economía, seguridad de mercado.

Entrevistadora: Ingeniero VZ, muchas gracias por su tiempo y la información que me comparte.

Fuentes bibliográficas

Abate D. Josef Toaldo, La meteorología aplicada a la agricultura. Memoria Premiada por la Sociedad Real de las Ciencias. Ed. Don Antonio Espinoza Segovia. 1st Edición. Segovia. 1976.

Acevedo Ligorria, J. A., Arias Pérez, D. E., Cazali de Barrios, R., García García, S. A., Maldonado Valle, J. A., Rosello Portmann, M. F., & Verdugo Urrejola, J. C. (2009). Medio *Ambiente Y Salud. España*: Oeci.

Andrés Abellán, M., & García Morote, F. A. (2006). *Evaluación del Impacto Ambiental de Proyectos y Actividades Agroforestales*. España: Servicios de Publicaciones Ucm.

Apoyos y Servicios a la Comercialización Agropecuaria. (2016). *La Palma Africana, una Oleaginosa de Ambiente Tropical. Claridades Agropecuarias*, 50.

Bustamante Alsina, J. (S.F.). Derecho Ambiental, Fundamentación y Normativa. Buenos Aires: Abeledo-Perrot.

Cano Gallego, J., Castillo Gallo, J., & Peña Ahumada, B. (2009). *Programa de Capacitación para la Agroindustria de la Palma de Aceite*. Colombia: Iica.

Centro Agronómico Tropical de Investigación y Enseñanza. (1986) Agroambiente. Costa Rica.

Consejo Nacional de la Competitividad de la Republica Dominicana. Estudio base sobre la producción y comercialización de oleaginosas para biodiesel en la República Dominicana. 2007.

Comisión Mundial sobre el Medio Ambiente y Desarrollo. (1987). *Nuestro Futuro Común*. Onu.

Domínguez Vargas, S. (2002). *Teoría Económica*. México, Porrúa.

Errázuriz Kórner Ana María, Careceda Troncoso Pilar, González Leiva José Ignacio, González Leiva Mireya, Henríquez Reyes María, & Rioseco Hormazábal Reinaldo. (1998) Manual de Geografía de chile. Chile, Bello.

Fernández Collado, C., & Baptista Lucio, P. (2014). *Metodología de la Investigación* (6.Ta Ed.). México: Mcgraw-Hill / Interamericana Editores, S.A. de C.V.

Gamband, J. L. (2012). *El Mito del Desarrollo Sustentable, parte I*. Smashwords.

George, P. (1991). Diccionario de Geografía. (C. Bosch, E. García Soto, & C. Bravo, Trads.) Madrid, España: Ekal.

Gliessman, S. R. (2002). *Agroecología: Procesos Ecológicos en Agricultura Sostenible*. Costarica.

Gobierno del Estado de Tabasco, (2002). *La Palma de Aceite en el Sureste Mexicano. Tabasco*, México, Ujat.

Gutiérrez Morales, R. D. (6 De Junio De 2017). E*l Cultivo de Palma de Aceite en el Sureste*. (R. Narvaez Diaz, Entrevistador)

Inegi. (1997). *Los Cultivos Perennes en el Estado de Campeche*. Campeche: Inegi.

Inegi. (2012). *Importancia y Distribución de los Cultivos Perennes en los Estados Unidos Mexicanos "Censo Agropecuario 2007-2012"*. Aguas Calientes México: Inegi.

Inifap/Sagarpa. (2011). *Programa Estratégico para el Desarrollo Rural Sustentable de la Region Sur Sureste de México: Trópico Húmedo*. México: Inifap.

Instituto de Investigaciones Jurídicas de la Unam. (1998). *La Responsabilidad Jurídica en el Daño Ambiental*. Jurídicas de la Unam, 118.

Instituto Interamericano de Cooperación para la Agricultura. (2006). *Cultivo de Palma de Aceite*. Nicaragua: Iica.

Mazariego Sánchez, A., Águila González, J. M., Hernández Chávez, J., & Arévalo Lozano, O. (2014). *La Industria de la Palma de Aceite en Acapetahua* Chiapa: El Caso de Propalma. Revista Mexicana de Agronegocios, 24.

Mesa Redonda sobre el Aceite de Palma Sostenible. (2013). *Principios y Criterios para la Producción de la Palma de Aceite Sostenible*. RSPO.

Moreno, C., & Chaparro Ávila, E. (2008). *División de Recursos Naturales e Infraestructura. Santiago de Chile*: Cepal.

Movimiento Mundial por los Bosques Tropicales. El amargo fruto de la palma aceitera, despojo y deforestación. 2001.

Movimiento Mundial para los Bosques Tropicales. Palma aceitera, de la cosmética al biodiesel, la colonización continúa. 2006.

Ortiz Vega, R. A., & Fernández Herrera, O. (2000). *El Cultivo de la Palma Aceitera*. San José de Costa Rica: Eued.

Ovares, L. (1995). *Fundamentos de Sociología Rural*. Costa Rica: Euned.

Rival, A., & Levang, P. (2014). *La Palma de la Controversia, la Palma Aceitera y los Desafíos del Desarrollo. Indonesia*: Centro para la Investigación Forestal Internacional.

Rey, C. (2013). Análisis espacial de la correlación entre cultivo de palma de aceite y desplazamiento forzado en Colombia. Cuadernos de Economía, 32(spe61), 683-718.

Rojas Hernández, F. (1989). *El Cultivo de la Palma de Aceite*. Eude.

Rspo. (2015). *Guía RSPO para Pequeños Productores Independientes para la Gestión de Altos Valores de Conservación*. RSPO.

Sabino, C. (2000). *El Proceso de Investigación*. Colombia: Panamericana.

Sagarpa. (2010). *Monografías del Cultivo Palma de Aceite*. México.

Salcedo, S., & Guzmán, L. (2014). *Agricultura Familiar en América Latina y el Caribe. Santiago de Chile*: Fao.

Sánchez, Oscar,. Vega, Ernesto., Peters, Eduardo & Monroy, Vilvhis Octavio (2003). Conservación de Ecosistemas de Montaña Templados en México. México.

Santos Pérez, J. (5 de Junio de 2017). *Fortalecimiento para el Cultivo de Palma de Aceite en el Sector Social*. (R. Narvaez Diaz, Entrevistador)

Secretaria de Agricultura, Ganadería, Desarrollo Rural, Pesca y Aumentación. (2010). *Monografía de Cultivos Perennes "La Palma de Aceite"*. México: Sagarpa.

Secretaria de Medio Ambiente y Recursos Naturales. (2009). *Cambio Climático. Ciencias, Evidencias y Acciones. México*: Ine/Semarnat.

Semarnat. (2003). *Introducción a los Recursos Biológicos y Derechos de Propiedad*. México: Gobierno Federal México.

Soler, J. P., & León, D. (2009). *Impactos Ambientales de la Expansión de Palma Aceitera en el Magdalena Medio: Informe Final*. Colombia: Pdpmm.

Suprema Corte de Justicia de la Nación. (2012). *Compilación de Instrumentos Internacionales sobre la Protección de las Personas*. México: Scjn.

Velázquez Martínez, J. R., & Gómez Vázquez, A. (2010). *Palma Africana en Tabasco*. Villahermosa, Tabasco, México: Ujat.

Vidal Zepeda Rosalía. Las Regiones Climáticas de México. Ed. UNAM. 2005.

Villalobos Zapata, G. J., & Mendoza Vega, J. (2010). *La Biodiversidad en Campeche*: Estudio de Estado. Campeche, México: Uac.

9 798688 537024